365 DÍAS DE LA MANO DE LOS ÁNGELES

GABY HEREDIA

365 DÍAS
DE LA MANO
DE LOS ÁNGELES

KEPLER

Argentina – Chile – Colombia – España
Estados Unidos – México – Perú – Uruguay

1.ª edición: diciembre 2023

Copyright © 2023 by Gabriela Heredia
All Rights Reserved
© 2023 by Ediciones Urano México, S.A. de C.V.
Ave. Insurgentes Sur 1722, 3er piso. Col. Florida
Ciudad de México, 01030. México
www.edicionesuranomexico.com

Fotocomposición: Ediciones Urano, S.A.U.

ISBN: 978-607-59499-9-4

Impreso por: Impresos Vacha, SA de CV.
Juan Hernández y Dávalos # 47. Col. Algarín. Cuauhtémoc, CDMX, 06880.

Impreso en México – *Printed in Mexico*

AGRADECIMIENTOS

A Dios, a mis Ángeles y Arcángeles…

A mi Virgencita de Guadalupe…

A mi hermosa familia: a Alex, mi esposo maravilloso que es un Ángel en mi vida que me llena de amor, seguridad y alegría. Amo tenerte cerca todos los días.

A mi hija Sara, por ser una persona mágica, extraordinaria y única. Te amo hermosa con todo mi corazón.

A mis bebés María Camila y Nicolás, quienes son un milagro hermoso que han traído mucha alegría a nuestras vidas.

A ti Lucía, mi chiquita hermosa, que desde el cielo guías mi camino y el de todos los que te amamos. Amo saber que me cuidas y que siempre estás muy pegadita a mí.

A mis papás, que han sido una fortaleza en mi vida.

A mis increíbles hermanos, que son unos grandes tesoros.

Gracias.

Gracias.

Gracias.

A ti Paco, por ser y estar siempre.
Amo ser tu hermana y caminar juntos en la creación
de cosas tan mágicas como este libro.
Te adoro.

INTRODUCCIÓN

Cada mensaje de este libro es la misma voz de los Ángeles

Si tienes mi libro entre tus manos y estás leyendo estas líneas, tus Ángeles de la Guarda tienen el siguiente mensaje para ti: *«¡Estás listo… Tu nueva vida inicia hoy!»* ¡Hermoso!, ¿verdad? Así es, fueron estos seres de luz quienes te guiaron hasta aquí, hasta estas páginas y caminarán junto a ti SIEMPRE. ¡Están felices de formar parte de tu vida! ¡De que los consideres FAMILIA! No necesitas tener experiencia en el mundo de los Ángeles, ni pertenecer a una religión en específico para leer y entender este libro… Sólo necesitas ¡FE! Y en, cada página, aprenderás a ver el mundo y tu mundo a través de los ojos de los Ángeles. Esos ojos llenos de amor. Aunado a esto, estarás en contacto con la energía maravillosa de estos seres de luz.

Las primeras ideas que llegaron a mi mente para la creación de este, mi tercer libro, fueron: «guía», «día a día» y «positivos». Esto dio origen a una guía angelical de 365 días… Mensajes que al leerlos por las mañanas lograrán que tus primeros pensamientos sean positivos generando días positivos. Con la asesoría de los Ángeles, asigné estos mensajes a determinados días del año.

¿Cuál es la promesa de este libro? ¡Qué vivas feliz!

Si bien todos los días son importantes en el mundo de los Ángeles, hay días «especiales» y, estos seres de luz, tienen mensajes específicos para ti. En mis conferencias o terapias, algunas de las peticiones de las personas son constantes: «¿Qué ritual debo hacer el 11-11 (noviembre)? ¿Cómo recibir a la primavera? ¿Cómo debo hacer mi lista de propósitos de año nuevo? ¿Qué relación hay entre los Ángeles y la Navidad? ¿Qué días son mejores para atraer abundancia? ¿Cómo funciona el mundo de los Ángeles?». Así que también aquí encontrarás todas esas respuestas.

Cuando comencé a escribir mi libro, de algo estaba segura: que cada mensaje fuera un puente de comunicación con los Ángeles y Arcángeles, que cada mensaje llevara esperanza a quien lo leyera, que cada mensaje fuera una enseñanza celestial y ayudara a transformar corazones, que los conceptos fueran fáciles de entender sin teorías complicadas… Porque el mundo de los Ángeles es accesible y, en él, cabemos todos.

365 días de la mano de los Ángeles…

365 mensajes de los Ángeles…

365 oportunidades para ser feliz…

365 sabidurías celestiales…

¿CÓMO LEER ESTE LIBRO?

Estas son algunas sugerencias para leer este libro:

1. Puedes leer los mensajes en orden cronológico o abrir el libro al azar y descubrir el mensaje que necesitas para ese día. Si llegó este libro a tus manos un 19 de septiembre (por poner un ejemplo), puedes comenzar a leer el libro a partir del mensaje de ese día. Es decir, no necesitas esperar hasta el 1 de enero para comenzar a hacerlo.

2. Te recomiendo leer un mensaje al despertar todas las mañanas y te explico porqué, pues así iniciarás tu día con pensamientos positivos y de la mano de los Ángeles. ¡Ojo!, es sólo una recomendación porque, en realidad, puedes leerlo a cualquier hora del día.

3. Después de leer tu mensaje diario, dedícale unos minutos a reflexionarlo y mantente alerta a las sensaciones que experimentas y a los mensajes que llegan a tu mente.

4. Te recuerdo que cada mensaje es la misma voz de los Ángeles, así que, poco a poco, sentirás más fácilmente, su presencia junto a ti.

5. Como todo proceso, requiere su tiempo. Así que PACIENCIA.

Al leer este libro:

1. Aprenderás cómo funciona el mundo de los Ángeles.
2. Sabrás qué señales nos envían constantemente.
3. Aprenderás cómo pedirles.
4. Qué rituales hacer en el inicio de la primavera, el día de Navidad y Año Nuevo, entre otros.
5. Conocerás a los Arcángeles Miguel, Zadquiel, Chamuel, Uriel, Gabriel, Rafael, Azrael, Metatrón y Jofiel.
6. Te explicaré cómo celebrar a los Arcángeles en su día.
7. Encontrarás temas como: amor, salud, abundancia, trabajo, duelo, éxito, hijos, dejar ir, padres...
8. Encontrarás hermosas y poderosas oraciones.
9. Decretos y afirmaciones.
10. Aprenderás a vivir feliz.

LA INVITACIÓN

En mis conversaciones con los Ángeles y Arcángeles acerca de este libro, les pregunté, constantemente, «¿qué quieren que el mundo conozca de ustedes?». Sus respuestas estuvieron llenas de AMOR, el antídoto o clave para un mundo mejor. Otras inquietudes en mis conversaciones fueron las siguientes (por mencionar algunas): «Querido Arcángel Miguel, ¿qué necesitan saber las personas de ti? Angelitos, ¿de qué temas tiene que tratarse este libro? Arcángel Gabriel, tú que estás tan cerquita de Dios, ¿qué mensaje tiene para cada persona que lea estos 365 mensajes? Amado Arcángel Azrael, ¿qué mensaje tienes para una persona que ha perdido a un ser querido?». Fueron cientos de preguntas y cientos de enseñanzas. A veces, sólo cerraba los ojos y las frases de estos hermosos seres de luz llegaban a mi mente.

Me acuerdo, en específico, de una de las «charlas» con estos seres de luz en donde me hicieron la siguiente invitación: «*Cariño, este libro también debe tener como hilo conductor tu experiencia con nosotros, tu vida con tu mundo de Ángeles, cómo hemos participado en cada etapa de tu vida… Comparte tus conocimientos sobre nosotros con el mundo. Toca corazones con cada palabra de amor. Has vivido nuestras bendiciones y has sido testigo de MILAGROS en la vida de otros. Este libro también debe llevar tu sabiduría*». Respiré profundamente y ¡agradecí esas palabras de apoyo! Y sí, este libro también está lleno de mis experiencias; de cómo los Ángeles se han presentado ante mí y mi familia y nos han ayudado a resolver ciertas situaciones. También incluí anécdotas y conocimientos que he compartido en mis conferencias y redes sociales. Escribir cada mensaje fue echarme un clavado a mi interior, remover emociones... Te confieso: hubo días de lágrimas, otros de alegría, a veces suspiré y también reí sola... ¡La experiencia fue enriquecedora!

Este libro me tomó 8 meses escribirlo y, el número 8, en el mundo de los Ángeles significa abundancia. Así que tomo ésta como una clara señal de que cada persona que lea mi libro recibirá esa RIQUEZA ESPIRITUAL que necesita en su vida. Amén.

Con este libro tendrás TODOS LOS DÍAS un mensaje de los Ángeles que te ayudará a ser mejor persona y a ¡VIVIR FELIZ!

MI LLAMADO

Una vez, alguien me preguntó: «Gaby, ¿de dónde sacas tanta energía?».

Y yo le contesté: «De mi fe en Dios y en los Ángeles».

Hace ya unos años, sentada en mi escritorio, en un antiguo trabajo, miraba a mi alrededor y, ante los ojos del mundo, lo tenía todo: un buen trabajo, un buen sueldo, reconocimiento laboral, éxito... ¡Tenía estabilidad! Y fue ahí cuando recibí el llamado de los Ángeles...

Y el mensaje fue muy claro: «*Lleva fe, salud y esperanza a los demás. Sana sus mentes y corazones y alimenta sus almas a través de nuestra luz. Transmíteles paz con nuestros mensajes de amor*».

Mis ojos se llenaron de lágrimas. ¡Fue hermoso!

¡Claro!, al principio, me paralicé. Se apoderaron de mí el miedo y la incertidumbre. Me vinieron 20 mil preguntas: «¿cómo voy a empezar de cero? o ¿De qué voy a vivir?». Incluso hubo personas que me cuestionaron: «¿Estás segura que vas a dejar todo?». Pero, mi fe me decía: «*¡Vas!*» y de algo estaba segura: esta misión en mi vida me hace feliz, me entusiasma y sé que los Ángeles están guiando mis pasos. Mejor protegida no podía estar.

Hay quienes creen que tengo muy poco tiempo en esto. Y, en realidad, llevo toda la vida. Son años de estar en contacto, de una relación estrecha, de una comunicación especial con estos seres de luz. Años de estarme preparando, de meditar, de leer y de ofrecer mi corazón.

Y te prometo que vivir de la mano de los Ángeles es vivir el cielo y el paraíso aquí en la tierra.

Soy FELIZ enseñando los caminos que ofrecen los Ángeles en nuestras vidas.

Soy FELIZ con los cambios positivos que ofrece la ayuda de estos seres de luz.

Soy FELIZ de ser parte de esas «estrategias» divinas para lograr la transformación que necesitamos.

Esta es mi historia, mi estilo de vida... Y mi fe es mi carta de presentación... Mi fe y mi amor son mis banderas... Con Dios y los Ángeles en mi corazón soy una MUJER ÁNGEL.

Sentí que, cada vez que,
escribía frente a la computadora,
un grupo de Ángeles se sentaba alrededor mío y,
cariñosamente, me dictaba cada palabra.

TIPS PARA COMENZAR A COMUNICARTE CON LOS ÁNGELES

LOS SÍ

- Lo primero, primero, es creer en los Ángeles. Sólo aquellos que creen en los Ángeles entenderán sus mensajes.
- Medita constantemente y practica yoga pues cuando tu mente y corazón se tranquilizan, tu canal de comunicación se abre.
- Come sano.
- Incluye en tus oraciones a tus Ángeles de la Guarda.
- Elige lugares tranquilos de tu hogar para conectar con ellos.
- Escucha música relajante.
- Platica con tus Ángeles todos los días.
- Mantén una actitud positiva y optimista.
- Cuida mucho lo que ves, lees y oyes.
- Sé paciente contigo mismo en este proceso.

LOS NO

- Un error muy común cuando se comienza en el mundo de los Ángeles es forzar o presionar las cosas para que suceda esta conexión. No te obsesiones por encontrar señales, entender mensajes... Relájate y deja que las cosas fluyan.
- Tu ego intentará decirte: «no eres capaz de comunicarte con los Ángeles, no tienes capacidades psíquicas, eres débil, no lo lograrás, no eres tan especial»... ¡No hagas caso! Esos miedos son producto de tu ego.
- Habrá personas que no crean en el mundo de los Ángeles y que intentarán alejarte de éste. Ignóralos. Ellos están hablando desde el temor.

1 DE ENERO

Tus pensamientos positivos serán las llaves que abrirán las puertas de las oportunidades

Hoy, tus Ángeles de la Guarda te han entregado una hoja en blanco para que comiences a escribir una NUEVA ETAPA en tu vida. Tienes 365 días y oportunidades de acercarte a tus sueños. Comienza el mes 1 del año y, este número, en el mundo de los Ángeles tiene un poder muy significativo: «Eleva tus peticiones al cielo y estos seres de luz las harán realidad. Es momento de entregarles tus miedos o temores, tus pensamientos positivos atraerán resultados positivos. Concéntrate en tus cualidades, en lo bueno que hay dentro de ti. La fe en ti y en los Ángeles serán fundamentales en tu desarrollo exitoso».

Peticiones o deseos que puedes hacer a tus Ángeles:

- Que mi salud sea perfecta hoy y siempre. Y la salud reine en nuestro mundo.
- Que mi fe siempre me lleve a tomar las mejores decisiones.
- Que el dinero llegue a mí fácilmente y mi trabajo me permita cubrir todas mis necesidades.
- Que los alimentos que coma nutran mi cuerpo.
- Motivación para que el ejercicio sea un hábito en mi vida.
- Que el amor a mi persona reine todos los días, y que de mi boca sólo salgan palabras de amor.
- Que mi familia viva experiencias hermosas y mi hogar esté lleno de bendiciones.
- Que mis pensamientos sean positivos pues sé que estos abrirán las puertas de las oportunidades.

Esto y más quiero para mí. (Di tu nombre con toda tu fe).

2 DE ENERO

El presente que estás construyendo debería verse como el futuro que estás soñando

He visto pasar frente a mí a cientos de personas que se la viven «corriendo», sí, corriendo: de un lado a otro, de aquí para allá, sin detenerse a conectar con lo que sienten, con lo que son, con lo que desean o sueñan. Abandonándose, dejándose, colocándose en un segundo plano, viviendo a medias y viviendo carencias internas.

¿Te gusta vivir corriendo y la realidad que estás viviendo? El presente que estás construyendo debería verse como el futuro que estás soñando.

Espera… ¡PAUSA! ¡DETENTE! Escarba en tu interior… Conecta con tus emociones. Saca del baúl tus sueños. Crea un plan y entrégaselo a los de allá arriba, a Dios y a los Ángeles y da el primer paso.

Escuché esto que me encantó: «los seres humanos tenemos fecha de caducidad como la leche embotellada… Y esa fecha de caducidad está marcada debajo de la piel y no podemos verla». Así que deja de andar alimentando y persiguiendo las metas ajenas. Deja de andar cumpliendo las perspectivas de los demás… Qué estrés y frustración… No continúes en un camino porque te sientas conforme o cómodo, mejor elige y anda por el camino que te llene completamente.

Y sí, ya sé que los cambios o el empezar de nuevo nos da miedo, nos paraliza y genera incertidumbre. Pero te lo digo con todo mi amor, allá arriba, están abriendo el cielo para derramar sobre ti bendiciones. El Arcángel Miguel te está dando ese extra de energía para que salgas a comerte el mundo. El tiempo corre y corre muy rápido… ¡ARRIÉSGATE! Sé el héroe de tu propia película.

3 DE ENERO

Los Ángeles te dicen «Sí»

«Sí estás listo, sí estás preparado, sí puedes»… me susurran al oído los Ángeles. El mensaje es muy claro para ti: *«Sí estás listo para dar el siguiente paso»*. Estas palabras vienen a reforzar lo que leías ayer. Y es que los Ángeles siempre te dirán *«Sí»* a lo que te conviene o suma a tu misión de vida. Sin embargo, los Ángeles necesitan que también hagas tu parte: mantener tus pensamientos positivos (si lo crees, lo creas), confiar en ti, en tu proyecto y en estos seres de luz, dar lo mejor de ti siempre y estar abierto a RECIBIR. Importantísima esta última palabra: recibir ayuda, recibir bendiciones, recibir oportunidades, recibir amor… El estar consciente del poder del recibir (dejando a un lado el «no me lo merezco»), te mantendrá con los pies en la tierra, tu mente estará enfocada en el presente, creando lo que será tu futuro, pero disfrutando el ahora.

Repite: *Estoy listo para recibir lo que mejor sume a mi vida. Amén.*

4 DE ENERO

Los Ángeles están esperando que les pidas ayuda

No importa por la situación que estés pasando, no importa la magnitud de tu proyecto o lo difícil que pueda parecer alcanzar tu sueño… ¡NO ESTÁS SOLO! Los Ángeles siempre están cerca de ti, incluso, mientras estás leyendo estas líneas. Los Ángeles «trabajan» para ti las 24 horas del día, los 365 días del año. No se cansan, no duermen, no te abandonan, no te dicen «*espérame tantito, ahorita te atiendo*». Sin embargo, necesitan una sola cosa de ti: ¡Que les pidas ayuda! Así es, ellos necesitan de tu permiso para poder mover los hilos de tu vida. Y es que estos seres de luz respetan tu libre albedrío, tus decisiones. Pídeles eso que tanto necesitas… Te están escuchando ahora. Si no sabes qué palabras utilizar para pedirles ayuda, deja que escuchen tu corazón, ellos entenderán lo que sientes y con eso bastará.

5 DE ENERO

De la mano de los Ángeles vivirás en prosperidad

«Somos tus Ángeles de la Guarda y estamos aquí junto a ti para decirte que te envolveremos entre nuestras alas para llenar de amor tu corazón y de pensamientos positivos tu mente; despertaremos tu creatividad, te inyectaremos energía extra, despejaremos tus caminos, seremos la luz que alumbrará tu andar. Confiamos en ti, confiamos en tus proyectos, confiamos en tus sentimientos. No olvides que somos parte de tu equipo, involúcranos en cada paso que des, en cada decisión que tomes… ¡SIEMPRE ESTAMOS LISTOS PARA TI! Deseosos de ayudarte, pues Dios (en el que tú creas) nos envió con un solo objetivo: QUE VIVAS FELIZ. Junto a nosotros vivirás muchas experiencias nuevas y hermosas. Junto a nosotros vivirás a salvo… VIVIRÁS EN PROSPERIDAD».

6 DE ENERO

¡Rescata a tu niño interior!

Conforme pasan los años, vas olvidando en el rincón más lejano de tu ser a tu niño interior. Independientemente, de cómo fue tu infancia, ¡es momento de reconciliarte con él! ¡De rescatarlo del olvido!, pues, finalmente, vive en ti y caminar junto a él te traerá muchos beneficios.

Reflexiónalo: cuando eres niño vas por la vida disfrutando, riendo a carcajadas, expresando lo que sientes libremente, sin preocupaciones por el futuro, descubriendo y maravillándote, creando mundos, imaginando posibilidades y sintiéndote el centro del universo. Sí, los niños están llenos de amor e inocencia. Y tus Ángeles de la guarda vienen a recordarte que tú eras así. Sin embargo, conforme fuiste creciendo, aprendiste de los adultos a sentir miedo y que el amor está a la baja.

Ahora, en este momento, tus Ángeles de la Guarda te invitan a que te pares frente a un espejo e imagines, que quien se refleja en el espejo eres tú cuando estabas pequeño. Imagina cómo tu YO NIÑO te sonríe. Es momento de decirle: «Estoy contigo, te abrazo… TE AMO». Respira profundamente y vuelve a repetir: «Estoy contigo, te abrazo… TE AMO». Imagina cómo de tu YO NIÑO salen destellos de colores y estos te contagian. Ahora tú, regrésale esa enorme sonrisa.

Ve por la vida de la mano de tu niño interior, pues si te enfocas en ver a través de la inocencia de ese niño que vive en ti, descubrirás la presencia de Dios en todos y todo. Sabrás apreciar la luz de cada persona y cargarte de ellas. Esa inocencia es amor, esa inocencia es alegría, esa inocencia es Dios.

7 DE ENERO

Tu intuición será tu mejor brújula

¿Cuál es el siguiente paso que debo dar?, ¿qué camino debo tomar?, ¿cuánto tiempo debo invertir?, ¿a quién debo dirigirme? Cientos de preguntas invaden tu mente a la hora de perseguir tus sueños y es que, como personas, siempre queremos las respuestas detalladamente, incluso aún sin comenzar…

Y bueno, te platico: una vez que entregas tus dudas a los Ángeles y trabajas de la mano con ellos, estos seres de luz se encargarán de los detalles. ¡Así es! Deja que ellos se encarguen de los detalles. No busques controlar todo. Cuando haces tus peticiones, tus palabras se elevan al cielo, los Ángeles «toman nota» de ellas y trabajan en tu beneficio. Pero, tu siguiente duda es «¿y tú que tienes que hacer?». Sencillo, HACERLE CASO A TU INTUICIÓN, pues esta será tu mejor brújula, esa intuición es la voz y la guía de los Ángeles y sabrás que es la correcta porque esa intuición te transmite mucha paz.

Es decir, cuando estés en frente de una decisión importante, tu intuición te dirá qué hacer o a dónde dirigirte. Esto que te platico es hacer equipo con los Ángeles. Recuerda que allá afuera hay un mundo ilimitado y, para ti, en este mundo, hay un lugar tan grande como lo desees.

8 ENERO

Hay Ángeles Terrenales que llegarán a calmar tu corazón

Tras terminar la universidad, mi hermano acudió a infinidad de entrevistas buscando trabajo. Cuando por fin, le hicieron una oferta, esta no tenía nada que ver con sus objetivos y sueños, y la propuesta, en lugar de ponerlo feliz, lo entristeció y la rechazó.

Al salir, mi hermano comenzó a *auto reclamarse*: «¿Cómo voy a pagar la renta?, ¿de qué voy a vivir?, ¿debí aceptar el trabajo, aunque no me gustara y fuera un mal salario?». Él no quería trabajar en algo que no le gustara o lo inspirara, pues antes, eso, sólo le había causado frustración. Con una ENORME FE, volteó al cielo y pidió una señal para saber si iba por buen camino y si pronto encontraría el trabajo de sus sueños.

Mientras buscaba el transporte público, salió de una casa una mujer de unos 60 años, cabello ondulado y con canas. Le preguntó: «¿a dónde vas?». Él le contestó: «Al metro más cercano, pero no sé por dónde está». La señora le dijo: «¡Yo también voy para allá, caminemos juntos!».

Ella le sonrío un par de veces en el camino, y al llegar a la entrada del metro, la desconocida, le dijo: «No te preocupes, todo estará bien, eres un chico muy talentoso y serás el claro ejemplo de que los sueños se hacen realidad. Tu paciencia y disciplina serán recompensadas». Cuando quiso agradecerle, la señora había desaparecido.

Días después, mi hermano recibió una propuesta extraordinaria la cual aceptó muy agradecido y fue muy feliz.

La señora fue un Ángel terrenal que tenía como objetivo calmar el corazón de mi hermano y darle esa pizca extra de fe.

9 DE ENERO

El éxito no se alcanza, el éxito es un estilo de vida

A lo largo de la vida, nos han enseñado que el éxito es una meta que tenemos que cruzar, que el éxito es algo que se alcanza cumpliendo con una serie de pasos, que el éxito son bolsas llenas de billetes, que el éxito es algo lejano, que está ahí y que hasta que no llegues a ese lugar, ¡serás feliz! ¡Ufff!, tan solo de pensarlo, causa estrés. Pero, es momento de cambiar el chip, de dejar atrás esas ideas. Y qué tal si te digo que el éxito es un estilo de vida. Sí, el éxito es una actitud ante la vida. Es como si todos los días, abres tu clóset y decides con alegría ponerte el saco del éxito o el suéter del éxito.

Te explico: si tú todos días te levantas sintiéndote una persona exitosa, le estás diciendo al Universo que eso es lo que mereces, por lo que recibirás más de lo mismo. Y así con esa actitud de éxito (confiando en ti, en tus habilidades, en tus conocimientos, ondeando la bandera del amor, disfrutando, sintiéndote único e invaluable), realizarás todas tus actividades del día con resultados positivos. Es decir, realizarás una jornada laboral exitosa, tu rutina de ejercicios será satisfactoria, el tiempo con tu familia será de calidad, el tiempo te rendirá; incluso, los problemas los resolverás desde una postura positiva. Este estilo de vida te hará disfrutar desde los pequeños pasos o los procesos, hasta la culminación de tus proyectos. No necesitarás esperar a llegar a un lugar para ser feliz, sino que disfrutarás momentos felices en todo tu andar. Y es que, una persona exitosa, no es aquella que acumula y acumula, sino que es aquella que llega al final del día y puede ir a dormir en paz.

10 DE ENERO

Afirmaciones de una persona exitosa

1. Confío en mi sabiduría para enfrentar los retos.
2. El amor es mi motor y mi bandera.
3. Soy una persona feliz. Entendí que la felicidad vive en mí y contagia a los demás.
4. Disfruto de los procesos.
5. Mi prioridad soy yo. Estando bien yo, todo a mi alrededor camina positivamente.
6. Desde el principio, involucro a Dios y a los Ángeles en mis proyectos.
7. Soy una persona abundante.
8. Soy una persona agradecida.
9. La vida es una delicia.
10. Estoy abierto al cambio para crecer.
11. Valoro y reconozco las habilidades de los demás.
12. Aplaudo el trabajo en equipo.
13. Respeto los tiempos de descanso.
14. Ser saludable es mi estado natural.
15. Mi fe es grande.

11 ENERO

*Las puertas del cielo se abren para que los Ángeles
te den un regalo divino: cumplirte un deseo*

Si bien todos los días, los Ángeles escuchan tus peticiones y trabajan en ellas, hoy, los Ángeles te regalan un 11- 1 (enero). Una secuencia numérica muy poderosa. Estos seres de luz, se comunican con nosotros a través de los números y éste, significa: *«Estamos listos para escuchar tu deseo que nosotros te lo concederemos. Aprecia todo lo que ya tienes pues nada será igual. Vienen hermosos cambios en tu vida».* Pero, ¿por qué es un día tan especial? Porque muchas personas elevan sus peticiones, desde la fe y el amor, creando una energía poderosa durante todo el día. Y al sumarnos a esa energía universal, recibimos grandes beneficios.

En el transcurso del día de hoy, no importa la hora, voltea al cielo, cierra los ojos unos segundos y pide eso que tanto necesitas en tu vida. Puedes pedir en voz alta o en silencio. Si gustas puedes utilizar el siguiente ejemplo:

Mis queridos Ángeles de la Guarda:
    Con el corazón en la mano y el inmenso amor que les tengo, les pido _____
(mencionas tu deseo detalladamente, recuerda no pedir con frases limitantes como «bueno me conformo con esto» o «aunque sea poquito»). *Les agradezco este hermoso regalo y sé que ustedes, con su sabiduría divina, se encargarán de mover los hilos de mi vida para que la magia suceda.*
    Amén.

Confía en los tiempos de los Ángeles, ellos sabrán el momento ideal para darte eso que sumará a tu vida.

12 DE ENERO

Los Ángeles y tú son un equipo. Ver a través de los ojos de los Ángeles, es ver a través del amor puro

Aprovechando la energía del 11 de enero, repite las siguientes afirmaciones creando un vínculo especial entre los Ángeles y tú:

Los Ángeles y yo somos uno, somos equipo. Estoy impregnado de su sabiduría y mi corazón está lleno de su amor divino. Abro los brazos para recibir todos sus regalos: una cascada de abundancia en todas las áreas de mi vida; dinero a manos llenas, un cuerpo saludable, amor para dar y recibir y fe para tocar el corazón de los que me rodean. Le digo Sí a las oportunidades que me ponen en el camino. Le digo Sí a la prosperidad. Merezco ser feliz y transmitirlo. Elijo verme desde el amor, reconociendo lo valioso que soy. Me elijo a mí como soy, sin comparaciones, sin reclamos, sin juzgarme y elijo ver a la vida de forma positiva. Los Ángeles me abren sus alas para darme un cálido abrazo y aprovecho para cargarme de su energía. Agradezco ser uno con estos seres de luz porque sé que su energía, es la energía de Dios. Ver a través de los ojos de los Ángeles, es ver a través del amor puro.

13 DE ENERO

La llama de una vela encendida es el puente de comunicación entre los Ángeles y tú

No minimices el poder de una vela encendida. Te explico: imagina a los Ángeles y Arcángeles volando en el cielo, a la espera de que les solicites ayuda. En ese momento, tú enciendes una vela y los llamas. Estos seres de luz, verán la llama brillante de la vela que acabas de encender y volarán a ayudarte. Esa llama es una especie de faro para ellos. Detrás de esa llama, los Ángeles te estarán escuchando con atención. Al terminar tu oración o petición, los Ángeles comenzarán a trabajar en ella. Por eso, no me cansaré de recordarte que al encender una vela lo que estás haciendo es darle luz a tus deseos y llenando de fe tu corazón. El observar una vela encendida tiene un poder relajante, te ayuda a concentrarte, abre tus sentidos y te vuelve más perceptivo. Una vela encendida limpia las energías de un lugar y crea un ambiente cálido.

Ya lo sabes, acompaña tus oraciones con una vela encendida.

14 DE ENERO

Ponte en el primer lugar de la lista de tus prioridades

Que si lo hijos, que si el marido, que si el trabajo, que si la casa... seguro así es tu día a día, ayudando a todos y dejándote (o abando-nándote) hasta lo último de tu lista de prioridades. Nos enseñaron que ser responsable es atender PRIMERO todo lo que te rodea y des-pués, ocuparte de ti. Yo también caí en el error de dejarme al último. Y créeme, con el paso del tiempo, te causa una gran frustración.

Si eres papá seguro te identificarás con «primero mis hijos o todo lo hago por mis hijos». Y claro, los hijos son importantísimos. Sin embargo, si tú no estás bien, todo a tu alrededor no lo estará. Estar en el primer lugar de tu lista de prioridades no significa no cumplir con tus responsabilidades de padre, ni que quieras MENOS a tus hijos o que los estés descuidando. Significa que alimentando tu luz propia, contagiarás a los demás de ella y todos brillarán intensamente.

¿Agenda saturada?, pide a tus Ángeles de la Guarda que la libe-ren, que organicen mejor tus tiempos y que haya espacios para ti. Ellos harán magia. ¿Remordimiento por creer que no le darás el tiempo suficiente a tus hijos o al trabajo?, pídele al Arcángel Miguel que corte con esos temores y que el tiempo dedicado a ellos sea de calidad.

En este momento cierra tus ojos y visualízate en primera fila, ponte en el primer lugar de prioridades y desde ahí pídele ayuda a Tus Ángeles de la Guarda y al Arcángel Miguel. Ellos serán tu amo-rosa guía. Si tú estás bien, tus proyectos crecerán dando frutos... Si tú estás bien, tu familia crecerá en amor... Si tú estás bien, tu salud me-jorará... Si tú estás bien, tu vida estará llena de momentos felices.

15 DE ENERO

¿Cuál es tu misión en la vida?

Sé que esto ronda por tu mente, no importa tu edad. Incluso hay personas que aparentan tenerlo todo y, aun así, no saben cuál es su misión en la vida. Y una forma de descubrirlo es conectando con el Arcángel Miguel, preguntándoselo a través de la meditación.

Elige un lugar tranquilo de tu hogar o una área al aire libre. Enciende una vela blanca, puedes poner música relajante. Siéntate o acuéstate. Inhala y exhala profundamente, concéntrate en tu respiración. Después de unos minutos, invita al Arcángel Miguel a que se acerque a ti, dile que necesitas platicar con él, pedirle ayuda, y explícale tus dudas sobre el camino que debes elegir, pregúntale «¿Cuál es mi misión en la vida?». Puedes utilizar las siguientes palabras:

Querido Arcángel Miguel:

Tú que me conoces a la perfección, que sabes de mi pasado, mi presente y mi futuro y que me amas inmensamente, estoy junto a ti, con una serie de dudas que me roban la paz y me generan incertidumbre: «¿voy por buen camino o qué camino debo elegir? y ¿cuál es mi misión en la vida?». Sé que con tu sabiduría divina sabrás responderme y buscarás la mejor forma para que reciba y entienda tus mensajes. Abro mi corazón a tu guía y confío que allá arriba, en el cielo, tienen un plan ideal para mí.

Mientras meditas puedes sentir la presencia del Arcángel Miguel a través de olores a flores o madera, puedes ver destellos azules, escuchar cómo te susurra al oído. Recuerda que puede llevarte varios días recibir su respuesta, puede ser con señales o mensajes mientras duermes.

16 DE ENERO

Algún día regalarás plumas a todos aquellos que no creyeron en tus alas

Cuando decidí mudarme a la Ciudad de México para estudiar mi carrera, algunos familiares como tíos y amigos hicieron estos comentarios: «terminará regresándose, no aguatará la presión de la Ciudad de México. ¿Para qué quiere seguir estudiando?, mejor debería quedarse aquí, casarse y ya. ¡No lo logrará!», entre otros muchos más. Sin embargo, nunca me detuve a escucharlos con atención, ni dejé que me afectaran y me dediqué a absorber los comentarios positivos y las porras (las cuales fueron muchas) de mis seres queridos. De aquellos que sólo expresaban palabras de amor hacía mí. Y eso, fue un alimento enorme para caminar hacia mis sueños. Mi mamá me enseñó, que la mayoría de las veces, las personas hablan desde sus inseguridades y temores, pero eso es asunto de ellos. Y esos comentarios no te definen. Sin embargo, es una realidad que en el camino te encontrarás con muchas personas que no creerán en ti, que se burlarán de tus sueños e incluso, algunas se volverán un obstáculo. Pero, créeme, te lo digo por experiencia, si CONFÍAS EN TI y caminas bajo la guía de los Ángeles, todo lo que te propongas puedes lograrlo. ¡Ojo!, también en el camino te encontrarás con personas muy valiosas que sumarán a tu vida. También te cruzarás con Ángeles Terrenales.

Y bueno, aquí estoy, escribiendo mi tercer libro, cumpliendo mis sueños, disfrutando de mi mundo de Ángeles y muy feliz rodeada de mi familia y seres queridos. Regalando plumas a todos aquellos que no creyeron que volaría alto. Y no las regalo desde el ego, sino desde el amor, ayudando a que todos puedan realizarse. Sí, esas plumas ayudarán a los demás también a volar tan alto como deseen.

17 DE ENERO

Deja de preocuparte por el qué dirán, mejor celebra quien eres

Muchas personas buscan la «aprobación» constante de todo lo que hacen: cada paso que dan, cada decisión que toman, de cómo visten, de cómo hablan, bla, bla, bla… Incluso, sus vidas se mueven buscando encajar, renunciando, muchas veces, a sus esencias por miedo al qué dirán. ¡Personas fingiendo! ¡Viviendo a medias! ¡Personas aterradas de lo que puedan pensar los otros! ¡Qué agotador y desgastante!

Cuando tu día a día, depende de lo que puedan opinar los demás, lo que estás haciendo, en realidad, es otorgándoles el poder a esas personas de controlarte. Es decir, como si vivieras en una jaula con la puerta abierta y no te atrevieras a salir. Por temor al qué dirán estás dejando de disfrutar, estás dejando de ser tú, estás renunciando a muchas oportunidades, estás dejando pasar la vida, estás viviendo en energía baja, estás limitando tu abundancia y estás dejando de comerte al mundo. ¡Sal de ahí!, ¡atrévete a cruzar la puerta!

Si te sentiste identificado con lo que estás leyendo, te propongo algo: ¡PÍDELE AYUDA AL ARCÁNGEL CHAMUEL! Te preguntarás ¿por qué al Arcángel Chamuel, si es el Arcángel del Amor? Porque eso es lo que necesitas: Una gran dosis de AMOR PROPIO, de autoaceptación y de confianza en ti mismo.

A veces necesitas, que te recuerden que eres único, invaluable, un ser amoroso, perfecto así como eres, creativo, brillante, exitoso, alegre, amado por Dios y los Ángeles y el favorito del universo.

CELEBRA QUIEN ERES.

18 DE ENERO

Hoy decide volver a confiar en mí

Hoy decido entregar al Arcángel Chamuel mi miedo al qué dirán, lo dejo en sus manos y sé que con su ayuda desaparecerá.

A partir de ahora corto con todas esas opiniones que sólo me roban mi tranquilidad. Y viviré mi proceso de sanación. Ninguna persona tiene poder alguno sobre mí.

Yo soy mi dueño, yo controlo mis pensamientos. Me acepto como un ser poderoso, amoroso y responsable. Me amo como soy y respeto mi cuerpo. ¡Soy verdaderamente hermoso por dentro y por fuera! ¡CELEBRO QUIÉN SOY! Yo soy el origen de mi felicidad y la reparto por donde paso. Abro mi corazón a las enseñanzas del Arcángel Chamuel: el amor es capaz de transformar universos.

Y ese amor, será la luz que ilumine mi camino. Hoy me reconcilio conmigo mismo. Hoy, vuelvo a confiar en mí.

19 DE ENERO

7 peticiones a los 7 Arcángeles

1. Querido Arcángel Miguel: Capitán del Ejército de los Ángeles, protégeme a mí y a mi familia de cualquier peligro. En ti confío.

2. Querido Arcángel Rafael: Arcángel doctor, recorre mi cuerpo con tu luz esmeralda llevando salud a cada una de mis células. En ti confío.

3. Querido Arcángel Gabriel: Mensajero de Dios, que todo lo que comunique sean palabras que provoquen reacciones positivas en mí y en los demás. En ti confío.

4. Querido Arcángel Jofiel: Belleza de Dios, elimina todos mis pensamientos negativos, pues necesito crear un presente próspero. En ti confío.

5. Querido Arcángel Zadquiel: Rectitud de Dios, enséñame a perdonar y perdonarme, pues sé que ese camino me llevará a vivir sin cargas pesadas. En ti confío.

6. Querido Arcángel Uriel: Dios es luz, alimenta mi fe y sé mi guía en mi mundo espiritual. En ti confío.

7. Querido Arcángel Chamuel: Especialista en el Amor, ponme en mi camino a esas personas (en las diferentes áreas de mi vida) que sumen a mi felicidad. En ti confío.

20 DE ENERO

Los tiempos de los Ángeles, los tiempos divinos... ¡son perfectos!

Algo importante que debes saber es que nuestro tiempo (horas, días, semanas...) no es el mismo que el tiempo de los Ángeles, ellos no se rigen con un reloj de 24 horas. El tiempo de los Ángeles o Divino se basa, en realidad, en tu capacidad de recibir sus bendiciones. Es decir, cuando estés listo para recibirlas. En el tiempo divino los Ángeles ayudan de inmediato, aunque a ti te parezca que puedan tardar. De ahí, la famosa frase: «los tiempos divinos son perfectos». Hay respuestas rápidas y otras, pueden llegar años después, pero cuando las recibes, comprendes que ese era el momento adecuado. Por eso, es importante LA PACIENCIA Y UNA FE SÓLIDA. Así que si ya hiciste todo lo que estaba en tus manos sobre el asunto a resolver y entregaste tus peticiones a los Ángeles, RELÁJATE y deja que estos seres de luz trabajen. Recuerda que los momentos de espera los podemos utilizar para fortalecer esas áreas de nuestra vida que tambalean.

21 DE ENERO

Dios no le da el sueño equivocado a nadie

Sé que a veces te invade la duda «¿podré alcanzar mis sueños?». Y la respuesta es SÍ. Y te explico por qué: porque DIOS (el Dios en el que tú creas) te dio esos sueños y no te los habría dado si no fueras capaz de hacerlos realidad. ¡Dios no le da el sueño equivocado a nadie!

Si Dios confía en ti, tú también deberías creer en ti. Tú puedes lograr todo lo que te propongas con amor, disciplina, esfuerzo y una GRAN FE.

Y por si se te había olvidado, Dios envío a su ejército de Ángeles y Arcángeles para ayudarte a cumplir esos sueños.

22 DE ENERO

Pídele a los Ángeles que sean claros
con sus mensajes

Los Ángeles se comunican con nosotros de muchísimas formas, por ejemplo, a través de los números, los arcoíris, las mariposas, monedas e incluso pueden enviarnos mensajes mientras dormimos, meditamos o mediante Ángeles terrenales (hay muchas formas más). Sin embargo, si alguna señal de estos seres de luz no la entiendes, pídeles que sean más claros, sí, así: *¡Queridos Ángeles podrían enviarme el mensaje más claramente, pues no lo entiendo!,* y ellos buscarán la forma de entregarte más fácilmente esa respuesta que necesitas.

Algunos pacientes me han contado que no le piden a los Ángeles ser más claros porque sienten que se van a enojar y que ya no van a querer ayudarlos. Y les digo de corazón, ¡eso nunca va a pasar! ¡Los Ángeles nunca se enojan! Ellos no conocen ese estado de ánimo. Los Ángeles son amor y lo único que quieren es que seamos felices.

23 DE ENERO

Apapáchate con pequeños detalles

¿Y si hoy, haces una pausa y te das un regalo? Sí, ¡y te consientes! Estás tan acostumbrado a postergar este tipo de detalles para ti, que incluso sientes hasta remordimiento con tan sólo pensar en hacerte un obsequio. Debes aprender que no necesitas fechas especiales para consentirte, mereces celebrarte más a menudo. Y cuando me refiero a regalos, hablo de pequeños detalles como caminar descalzo por el pasto, comer tu comida favorita, disfrutar de un atardecer, saborear un postre, comenzar a leer un libro, ir al cine, una siesta o caminar bajo la lluvia.

Este tipo de obsequios, son un apapacho para tu corazón.

24 DE ENERO

Vivir de la mano de los Ángeles, es una decisión muy personal

A lo largo de los años, muchas personas se han acercado a mí para decirme: «Me gustaría que tal persona (por decirlo de alguna forma) creyera en los Ángeles». Y les platico el mejor ejemplo. Cuando yo me casé, mi esposo fue muy claro: «respeto tu mundo de Ángeles, pero es TÚ MUNDO». Y sí, es mi mundo, es mi fe, es mi guía, es mi alimento espiritual, es mi misión en la vida, yo lo decidí... y nunca he intentado convencerlo de que crea en los Ángeles. Sin embargo, al caminar juntos como pareja, ha sido testigo, incluso protagonista de los regalos (en el transcurso del libro compartiré algunos milagros) de los Ángeles y poco a poco, su fe en ellos ha ido creciendo. Y es que no tienes que desgastarte en tratar de convencer a los otros del amor o la existencia de los Ángeles, simplemente deja que tu ejemplo de la mano de los Ángeles, tu andar o tu luz toquen sus corazones. ¡Los tiempos divinos son perfectos! Confiar en los Ángeles es una decisión muy personal, incluso hay quienes comparten su fe y otros que deciden vivirla de forma privada.

Mi misión como angelóloga no es ir convenciendo a las personas de que crean en los Ángeles. Mi misión es transmitir los mensajes de estos seres de luz y que sus palabras sanen o transformen vidas. ¡Llevar luz donde hay oscuridad! Repartir amor en cada paso que doy. Alimentar de fe los corazones.

25 DE ENERO

Pon a prueba a los Ángeles

Es muy común toparme con personas que me dicen: «yo no creo en los Ángeles». Algunos, quizá, buscando sacarme de mi zona de confort, otros con un tono como si hubieran descubierto el hilo negro, y muchos, esperando que les conteste: «¿por qué?». Sin embargo, mi respuesta cargada de amor es: «No crees porque no los conoces, pero ellos te aman inmensamente, ponlos a prueba; pídeles una señal de que están cerca de ti o de que te escuchan... pídeles algo que necesites y serás testigo de su «magia». No tengo que convencerte yo, ellos lo harán».

Algunas de estas personas, me buscaron tiempo después para decirme que pusieron a prueba a los Ángeles y, estos seres de luz, se «comunicaron» con ellos a través de plumas, arcoíris, mariposas, números... Unos buscaban amor y les llegó, otros trabajos y lo consiguieron, y muchos una solución a sus problemas y la obtuvieron.

Estoy segura que las personas que se me acercan diciéndome que no creen en los Ángeles, SÍ CREEN, sólo buscan a alguien o algo que se los confirme.

Por cierto, los Ángeles no se enojan porque los pongas a prueba, de hecho, nunca se enojan; al contrario, siempre están felices de poder ayudarte en todas las áreas de tu vida. ELLOS SÓLO QUIEREN QUE SEAS FELIZ.

26 DE ENERO

Para los Ángeles no hay «problemas» chicos o «problemas» grandes

En mis terapias he escuchado a mis pacientes hacer comentarios como estos: «¡Me da pena molestar a los Ángeles con algo tan pequeñito! ¿Cómo le voy a pedir eso tan insignificante a los Ángeles?» o, se van al extremo: «¡Lo que me pasa es imposible de resolver! o ¡lo que necesito es tan difícil que no creo que los Ángeles me puedan ayudar!». Y te los comparto, porque quizá tú también tienes esas dudas y, es algo muy normal.

Pues, te tengo noticias, para los Ángeles no hay «problemas» chicos o «problemas» grandes pues estos seres de luz son felices ayudándote en cualquier situación. Y todas tus peticiones las trabajan con amor absoluto. Ellos hacen lo imposible, posible. Incluso, saben el momento adecuado para darte lo que necesitas. ¡Sus tiempos son perfectos!

Los Ángeles pueden ayudarte desde a encontrar las llaves de tu casa o un lugar en el estacionamiento, hasta protegerte de cualquier peligro. Así que, a la hora de hacer tus peticiones, no te límites, no dudes y no pidas a medias. ¡Mejor sé específico!

27 DE ENERO

Es momento de cortar con personas tóxicas

¿Existen las personas tóxicas? ¡Sí! ¿Contaminan tu día a día? ¡Sí! ¿Te roban energía? ¡Sí! ¿Si te juntas con personas tóxicas te puedes convertir en una de ellas? ¡Sí! ¿Existen personas tóxicas junto a ti sin darte cuenta? ¡Sí! Puede ser un amigo, un compañero de trabajo, un jefe, un vecino, incluso un familiar.

Pero, ¿cómo te deshaces de ellas? ¿Qué crees? ¡Los Ángeles te pueden ayudar!

1. Pide ayuda al Arcángel Miguel: *Divino Arcángel Miguel, con la fuerza de tu espada corta todos los cordones que me atan con personas que me ocasionan dolor, que me roban la paz, que me enganchan, que son un obstáculo en mi crecimiento… Corta los cordones con tu poderosa espada.*
2. Inmediatamente después incluye al Arcángel Rafael: *Querido Arcángel Rafael, envuélveme en tu luz verde, recorre cada parte de mi cuerpo sanando mis heridas. Llévate lo viejo y lo que me hace daño.*

Rodéate de buenas personas que hablen de metas, ideas, sueños y no mal de otras personas. Si te rodeas de personas que son luz, lo verás todo más claro.

28 DE ENERO

Deja ir, desde el amor, a las personas que no suman a tu felicidad

El cortar con personas tóxicas es un duelo que requiere paciencia pues tus emociones necesitan tiempo para volver a calmarse. Incluso, te llegará la duda: «¿Habré hecho lo correcto?». Y es que, es una realidad, a la mayoría de las personas les cuesta muchísimo enfrentar el fin de una relación (amorosa, amistosa o familiar). Y a veces, seguimos ahí por inseguridades, baja autoestima e incluso, le otorgamos el poder a la otra persona para controlarnos.

Sin embargo, recuerda que el origen del amor eres tú y éste, habita en tu interior; y eres tan fuerte, pero TAN FUERTE, que ninguna persona o cosa es capaz de controlarte. Nadie debería aceptar cualquier tipo de maltrato.

El dejar ir o soltar a esas personas tiene un resultado enorme: PAZ y, es ahí, en ese estado, que volverás a reinventarte. Aprenderás a amarte tanto, que ese amor atraerá a personas que sumarán a tu vida.

Si necesitas trabajar en tu amor propio, pídele ayuda al Arcángel Chamuel. Si necesitas fuerza para alejarte de personas tóxicas, pídele ayuda al Arcángel Miguel. Si eres presa de dudas, pídele al Arcángel Jofiel que calme tus pensamientos. Si necesitas paciencia, pídele ayuda al Arcángel Zadquiel.

29 DE ENERO

Un corazón que costantemente dice «gracias» es un imán para los milagros

Y así es, el agradecimiento es una de las llaves que abre la puerta de los milagros. Y el ser agradecido comienza, desde que nos levantamos: *Gracias Dios (el Dios en el que tú creas) por darme la oportunidad de iniciar un nuevo día.*

Y es que al despertar por las mañanas, ya estás viviendo tu primer milagro; no lo minimices.

No esperes a que los Ángeles te ayuden en algún problema para decirles «gracias», también en los momentos felices, agradéceles: *Gracias por acompañarme también en las sonrisas.*

Agradece por todo lo que ya tienes. Agradece los pequeños gestos de la vida. Agradece por tener salud.

Gracias.

Gracias.

Gracias… UNA PALABRA-LLAVE PODEROSA.

30 DE ENERO

Eleva tus oraciones con la certeza de que los Ángeles te están escuchando

A través del poder de tus oraciones, suceden los milagros. Y es que, el agradecimiento y la oración, van de la mano.

Muchas oraciones comienzan con un «GRACIAS».

Te explico un poco lo que sucede cuando rezas: imagina que un ejército de Ángeles y Arcángeles están sentados en las nubes. Cuando comienzas tus oraciones, tus palabras se transforman en notas musicales y suben al cielo… sí, tus palabras son música para los oídos de estos seres de luz. Inmediatamente, los Ángeles y Arcángeles trabajan en tus peticiones y te devuelven esas palabras o notas musicales transformadas en bendiciones. Por eso cuando reces no lo hagas desde la angustia (pues en este estado existe la duda), sino desde la certeza de que los Ángeles te están escuchando y cumplirán sus promesas.

31 ENERO

¡Gracias y adiós enero! Decreto que todo avanza perfectamente bien y continuará así

Durante el primer mes del año, los Ángeles pusieron frente a ti oportunidades, incluso te apoyaron a retomar tus proyectos o sueños abriéndote puertas para seguir avanzando... Te toca ti continuar ¡aprovechándolas!

Aprendiste a hacer tus peticiones y a caminar de la mano de los Ángeles. Ahora te toca confiar en ellos y tener paciencia en los procesos.

Decreto: «Todo avanza perfectamente bien en mi vida y continuará así».

Ahora repite: «Gracias enero por todo lo que me diste y todo lo que aprendí. ¡Adiós!».

1 DE FEBRERO

¡Bienvenido febrero! Confía, ¡vas por buen camino!

No es un secreto, a todos los seres humanos nos gusta que, constantemente, nos digan que VAMOS POR BUEN CAMINO. Pues el inicio de febrero, es la señal que estabas esperando y que confirma que vas avanzando positivamente en la dirección correcta. Febrero es el mes 2 y, este número, en el mundo de los Ángeles significa: *«No es momento de decaer, apóyate en la fuerza de tu fe pues los resultados comienzan a ser positivos. AVANZAS POR BUEN CAMINO Y CONTINUARÁ ASÍ. Estamos trabajando en los detalles de tus peticiones, así que procura que todas las frases que salgan de tu boca, sean afirmaciones positivas pues tus ideas se están materializando».*

Y la clave para que sea un mes exitoso es que todo lo hagas con AMOR, pues te abrirá muchísimas puertas. Este mes, el Arcángel Chamuel estará caminado muy pegadito a ti. Su misión será alimentar tu interior con una gran dosis de amor.

2 DE FEBRERO

Llegó el momento de recordarte que todos podemos comunicarnos con los Ángeles

TODOS nacemos con 2 o más Ángeles de la Guarda y TODOS podemos comunicarnos con estos seres de luz. Cuando eres pequeño tienes muy abierto el canal de comunicación con los Ángeles. Incluso, cuando un bebé ríe de la nada, muy probablemente, está viendo un Ángel. Sin embargo, conforme vas creciendo este canal de comunicación se va cerrando por las creencias adquiridas, por miedos e inseguridades creadas por el ego que hacen que tu energía vibre bajo. Por lo general, la primera barrera a la que te enfrentas son las creencias de tus padres quienes te dicen que lo que estás sintiendo o viendo no existe.

En mi caso, con mi mamá, fue todo lo contrario, pues ella alimentó este hermoso DON (que todos tenemos si lo trabajamos): «No tienes nada que temer, son tus Ángeles, platícales cómo te sientes, pídeles ayuda para todo y escucha sus mensajes». Inclusive, mi mamá me enseñó a incluir todas las noches oraciones a los Ángeles de la Guarda.

Así como yo, tú también tienes el DON para entablar una relación estrecha con los Ángeles y Arcángeles. Sólo necesitas abrir tu corazón al amor de estos seres de luz. De hecho, ya lo estás haciendo al leer todos los días cada página de este libro pues estás elevando tu energía y haciendo equipo con los Angelitos.

3 DE FEBRERO

El Arcángel Gabriel te guía como papá o mamá para inculcarle a tus hijos el amor por los Ángeles

El Arcángel Gabriel es quien te ayudará a mantener abierto el puente de comunicación entre tus hijos y los Ángeles. Utiliza estas 2 hermosas oraciones:

Querido Arcángel Gabriel: Arcángel de la comunicación y buenas noticias, guía mis palabras para que sean las correctas y pueda explicarles a mis hijos el amor que sienten los Ángeles hacia ellos y vean su existencia como una bendición y una fortaleza en sus vidas. Y así recurran a estos seres de luz en cada paso que den.

Por la noche, antes de dormirte y después de haber hablado con tus hijos, prende unos segundos una vela blanca, observa la flama mientras repites las siguientes palabras:

Querido Arcángel Gabriel: te pido, con el corazón en la mano, que ilumines la vida de mis hijos y que sea esa misma luz la que los alimente de cosas positivas. Una luz que mantenga la conexión entre el amor de mis hijos y el amor de los Ángeles y que cuando sientas que esa relación se debilita, la recargues de energía, esa energía llamada Fe.

4 DE FEBRERO

A veces lo que queremos en nuestra vida no es lo que necesitamos

Durante una sesión, mi paciente, entre lágrimas, me dijo: «les pedí y les pedí a mis angelitos que regresara mi novio a mi vida y no pasó. ¿Por qué me abandonaron?, ¿por qué no cumplieron?». Y le expliqué: «los ÁNGELES NUNCA TE ABANDONAN Y SIEMPRE CUMPLEN SUS PROMESAS. A veces lo que queremos en nuestra vida no es lo que necesitamos. Y los Ángeles siempre te darán aquello que sume a tu vida. Y es que cuando los Ángeles te alejan de una persona es porque ellos vieron y escucharon cosas que tú no. Sé que te cuesta trabajo entenderlo en este momento, pero con el tiempo y la guía de los Ángeles crecerás y volverás a sonreír y esas lágrimas serán recompensadas».

Después de esta sesión comenzamos a trabajar en su autoestima y amor propio de la mano del Arcángel Chamuel. Empezó a meditar, a practicar yoga y a leer temas espirituales. Incluso, retomó algunos proyectos que había abandonado. Con el paso de los meses, entendió que su relación era tóxica, que ella era víctima de violencia, que ella no merecía malos tratos y que lo que había vivido con esa persona no había sido amor.

Dos años después, mi paciente regresó para agradecerme por haberla encaminado en el mundo de los Ángeles, pues estaba segura de que estos seres de luz habían puesto en su camino a un nuevo hombre amable, amoroso y que sumaba a su felicidad. Además, me dijo que se habían casado y que se mudarían al extranjero donde él vivía. Y es que mi paciente vivió su duelo, se reconcilió con ella, se reconstruyó, aprendió que dejando ir, dejaba espacio para que llegarán cosas nuevas, entregó sus temores a los Ángeles y fue testigo de que LOS ÁNGELES NUNCA FALLAN.

5 DE FEBRERO

Deja que el Arcángel Chamuel toque tu corazón. Haz equipo con él

Como te explicaba al inicio de febrero, el Arcángel Chamuel está muy presente este mes en tu vida. El Arcángel Chamuel trabaja con el sentimiento más poderoso: EL AMOR. Incluso, su nombre significa «El que ve a Dios» y Dios (el Dios de la religión que profeses) es igual a amor. De ahí, la hermosa frase: «la fe mueve montañas, pero el amor crea universos».

El Arcángel Chamuel es cariñoso, tierno, dulce y cálido. Sabes que está junto a ti cuando ves destellos de luz color rosa, sientes mariposas en el estómago o se te pone la piel chinita. Invítalo a formar parte de tu vida y haz equipo con Él, pues te ayudará a fortalecer tu amor propio, subir tu autoestima y brillar intensamente. Y será esa luz brillante que salga de ti, la que contagie a los demás y creará relaciones sólidas. Recurre a Él si quieres una relación sentimental, si necesitas sanar tu corazón tras una ruptura, si eres víctima de *bullying*, para aclarar malos entendidos en la familia, si estás atravesando por un divorcio, si necesitas nuevos amigos, incluso, si deseas encontrar un objeto perdido, te ayudará.

Cierra los ojos unos segundos, pídele al Arcángel Chamuel que se acerque a ti e invítalo a escuchar tu corazón, entenderá por lo que estás pasando, limpiará tu camino eliminando obstáculos y llenará tu vida de momentos felices.

6 DE FEBRERO

El Arcángel Chamuel te desea:

Que el amor derrote al odio en tu vida. Amor y odio tienen el mismo número de letras y requieren el mismo esfuerzo de energía. Tú decides qué camino elegir.

Que cualquier tipo de energía negativa que intente detenerte llegue a su fin. A veces buscas afuera culpables de lo que te pasa y, en ocasiones, tú eres tu propio obstáculo (tu baja autoestima, tus temores e inseguridades o tu ego).

Que el amor sea tu bandera.

Que la duda salga de tu mente. Confía en ti, en tus talentos, en tu fuerza, en tus ideas, en tu creatividad… TU PUEDES LOGRARLO.

Que la claridad reemplace a la confusión.

7 DE FEBRERO

El amor de tu vida eres tú mismo

Una vez, durante una conferencia, le pregunté a varias personas de forma individual: «¿Quién es el amor de tu vida?». Recibí decenas de nombres de esposos, esposas, ex, amigos… hubo quienes me dijeron: «aún no me llega» y, sólo una mujer me contestó: «Aunque tengo marido e hijos y los amo con todo mi corazón, el amor de mi vida soy yo». Tras escuchar esta respuesta, le aplaudí. En el auditorio se hizo un silencio y noté cómo este comentario generó una gran reflexión entre los asistentes.

Y es que reconocer que eres el amor de tu vida, no es algo egocéntrico, al contrario, habla de amor propio y de ver amor en todo lo que te rodea porque ves a través de los ojos de Dios y los Ángeles. Una persona que se sabe el amor de su vida no piensa: «soy mejor que los demás», más bien piensa: «valoro lo que veo en mi interior y amo lo que hay dentro de los demás».

Ámate tanto que el universo lleve hacia ti más recargas de amor. Ámate tanto que tu luz contagie el corazón de tus seres queridos. Ámate tanto que, cuando te mires al espejo, te digas: «Estoy enamorado de ti». Y desde esa posición, podrás amar a tus seres queridos con la misma intensidad.

8 DE FEBRERO

Entre más nos amamos, amamos más de forma natural a los demás

Soy el amor de mi vida… ¡Y soy mi mejor proyecto! Me valoro porque veo en mí la grandeza de Dios, quien me creo perfecto por dentro y por fuera. Respiro amor y ese sentimiento poderoso recorre cada célula de mi cuerpo. Exhalo amor, devuelvo ese mismo sentimiento, creando amor por donde paso. Soy el amor de mi vida porque me valoro, me honro, me procuro, me presto atención y me agradezco. Hablo con amor de mí y me hablo con amor. Y desde esta posición puedo gritar: «¡También soy mi mejor proyecto!».

Y es que reconocerte el amor de tu vida, es un gran acto de fe, porque lo que te ofreces a ti, lo experimentan los demás.

Entre más nos amamos, amamos más de forma natural a los demás.

9 DE FEBRERO

Comienza a amarte y notarás cómo todo fluye positivamente

Te preguntarás: «¿cómo comienzo a amarme?». Y si bien, no existe un manual A, B, C... Sí existe un ejercicio muy poderoso como punto de partida: Reconciliarte contigo frente al espejo. Un ejercicio que podría parecer muy sencillo, pero que en realidad, moverá fibras de tu interior.

1. Párate frente al espejo (de preferencia en la mañana).
2. Invita al Arcángel Chamuel para que te acompañé en este ejercicio: *Arcángel Chamuel guíame en este proceso.*
3. Mírate fijamente y con ternura a los ojos.
4. Respira profundamente en repetidas ocasiones.
5. Posteriormente, recorre con la mirada cada parte de tu cuerpo y observa lo hermoso que eres.
6. Y ahí frente a ti, con el corazón en la mano, di: «Te quiero, te quiero, te quiero…».
7. Puedes continuar con frases amorosas como: «Eres amado, te respeto, aplaudo tus logros, eres una persona llena de cualidades…». No te limites en piropos hacia a ti.
8. Realiza este ejercicio todas las mañanas y, si puedes, varias veces al día.
9. Es normal que al principio, estas frases las sientas forzadas incluso ni te las creas o no las sientas sinceras. ¡Es normal! Necesitarás paciencia contigo mismo.
10. Con el tiempo, la magia sucederá y, cuando menos te lo esperes, saldrás a la calle con una sonrisa y brillo especial, llamado AMOR PROPIO.

10 DE FEBRERO

Pídete perdón frente al espejo

Te pido perdón por haber dudado de ti...

Te pido perdón por haberte tratarte mal...

Te pido perdón por las veces que no me sentí cómodo con mi cuerpo...

Te pido perdón por abandonarte...

Te pido perdón por hacerle caso al qué dirán y dejar que otros me dijeran quién soy...

Te pido perdón por hablarte con palabras hirientes...

Te pido perdón por alimentarte mal...

Te pido perdón por no aprovechar tus talentos...

Te pido perdón por ignorar tu corazón...

Te pido perdón por las lágrimas que no derramé...

Te pido perdón por los gritos que contuve...

Te pido perdón por dejar que otros te lastimaran...

El pedirte perdón es un ejercicio muuuy personal. Tú, después de escarbar en tu interior, sabes por qué deberías pedirte perdón. Los ejemplos que te pongo al principio son algunos de los motivos más recurrentes entre mis pacientes.

Al principio, es muy normal, que te sientas incómodo. Incluso, puede llegar a pasar que, cuando te mires al espejo, te quedes en blanco y no sepas qué decirte. En otras ocasiones, llorarás... ¡Sé paciente contigo mismo!

Realiza este ejercicio todos los días, hasta que tu corazón y mente recuperen la paz.

11 DE FEBRERO

Los Ángeles se comunican de la forma más inesperada

Un día en la noche, recibí un mensaje en mi celular de una famosa actriz, a quien quiero y admiro (quien conduce uno de los programas de TV en los que colaboro), para saber si podía llamarme a esa hora. Y le dije que sí.

«Gaby, hoy viví una experiencia hermosa y quiero corroborar contigo que fue un mensaje de mis Ángeles», me dijo. «Estaba en un evento público y una señora se acercó a una persona que trabaja conmigo y le preguntó «¿ella es (mencionó mi nombre)?» y le contestó «Sí, es ella». La señora continuó «es muy buena persona, dígale que el Arcángel Gabriel tiene un mensaje para ella, que se irá a trabajar al extranjero y le irá muy bien». Cuando me lo platicó la persona que trabaja conmigo, sonreí enormemente y sentí una paz impresionante, pues, efectivamente, el día 11 de febrero me voy a trabajar en un nuevo proyecto al extranjero. Me acordé de ti Gaby, de que te acababa de ver días antes en el programa y hablábamos de los Ángeles. Agradezco a la vida que te haya puesto en mi camino».

Y SÍ, fue un mensaje de los Ángeles (en específico del Arcángel Gabriel). La famosa actriz necesitaba una señal; quería saber si había tomado una buena decisión de trabajar en el extranjero. ¡Qué hermosa historia! Estos seres de luz se comunican de la forma más inesperada, incluso a través de personas. ¿Cómo identificar que es un mensaje de estos seres de luz? Muy sencillo: si te transmiten tranquilidad, fueron ellos.

Así como le sucedió a ella, también a ti puede pasarte que te cruces, de la nada, con esa persona que te dará el mensaje que necesitas escuchar y que te recordará que los Ángeles siempre están cerca de ti... GUIÁNDOTE.

12 DE FEBRERO

La felicidad no se encuentra en las personas o cosas.
La felicidad vive dentro de ti

Durante mis sesiones he escuchado a varios de mis pacientes decir la misma frase: «cuando tenga novio(a) voy a ser feliz». ¡Grave error! Y, en realidad, sólo refleja el vacío y los temores que hay en tu interior y las áreas en las que debes trabajar. Y te voy a explicar por qué:

- La felicidad no se encuentra en las personas o cosas. La felicidad vive dentro de ti y, es desde esa felicidad, que atraerás a una pareja que vendrá a SUMAR a tu felicidad.
- La felicidad no se posterga. Es decir, voy a ser feliz hasta que… encuentre novio(a), consiga el trabajo, me compre un auto… Te tengo noticias: ¡no siempre sucederá! E incluso, te causará frustración.
- Cuando acuden a mí estos pacientes, lo primero en lo que trabajamos es en hacer equipo con la soledad. Y una vez, que en ese estado, te sientes feliz, estás listo para una pareja. Y es que en la soledad aprendes a estar cómodo contigo mismo.
- La felicidad va de la mano del amor propio.
- Naciste feliz. Tú eres felicidad.

13 DE FEBRERO

Habla con palabras de amor

Las palabras son muy poderosas. Las palabras son decretos. Las palabras crean entornos. Por eso es muy importante cuidar las palabras que usamos al hablar de nosotros mismos o con nosotros mismos, al comunicarnos con otras personas o al expresarnos de una situación en específico. Y es que al hablar con palabras de amor estás elevando tu energía y le estás diciendo al universo, devuélveme más de lo mismo. Es decir, si platicas con dulzura, con compasión, empatía… los resultados serán positivos y en armonía.

Los Arcángeles Chamuel y Jofiel harán equipo contigo para elegir esas palabras amorosas que saldrán de tu boca para comunicar. Además, te recordarán que aprecies lo mejor de cada persona. El AMOR es una medicina milagrosa.

14 DE FEBRERO

Carta de amor

Si estás listo para enamorarte, si tienes pareja, pero necesitas reavivar la relación, si estás casado y quieres eliminar la monotonía… el Arcángel Chamuel puede ayudarte con temas relacionados con el corazón y amor de pareja. Te enseñaré cómo escribirle una CARTA DE AMOR al Arcángel Chamuel.

1. Enciende una Velita del Deseo color rosa o veladora rosa.
2. Pon música relajante. Incluso hay sonidos de la naturaleza muy buenos.
3. Cierra los ojos y pídele al Arcángel Chamuel que guíe tu mano a la hora de escribir la carta de amor.
4. Escribe DETALLADAMENTE eso que necesitas en tu vida. Por ejemplo, si quieres una pareja: explica qué cualidades te gustaría que tuviera, qué experiencias te gustaría vivir junto a esa persona, en qué te gustaría que trabajara, cuánto te gustaría que ganara, qué religión profesaría, si lo quieres deportista, que quisiera tener hijos… Hasta cómo te lo imaginas físicamente.
5. No te límites en la extensión de la carta.
6. Ni utilices frases como «Me conformo con esto… Aunque sea poquito… Sólo si puedes…».
7. Al finalizar la carta puedes quemarla con la Velita del Deseo que tienes encendida. Así tus poderosas palabras subirán al cielo. También puedes rociar la carta con tu perfume favorito y guardarla en tu cartera.
8. Confía en los tiempos del Arcángel Chamuel.

15 DE FEBRERO

Ámate... sí o sí

AMARTE no es vanidad.

AMARTE no es quién es mejor.

AMARTE no es capricho del ego.

AMARTE no es arrogancia.

AMARTE no es competencia.

Todo lo anterior son consecuencias del miedo.

AMARTE es explorar en tu interior y aceptarte, sentirte cómodo contigo mismo, vivir enamorado de ti y ver, a través de tus ojos, el amor que habita en los demás.

16 DE FEBRERO

Te mereces todo lo bueno que hay en el mundo

Eres amado por Dios.
Eres querido por los Ángeles.
Eres el favorito del Universo.
Eres el preferido de la Vida.
TU ESENCIA ES AMOR.

Y es por eso, que mereces todo lo bueno que hay en este mundo. Un mundo ilimitado, donde tú puedes abarcar tanto como tu corazón lo desee: salud, amor, alegría, felicidad, éxito, economía, paz, prosperidad, diversión, familia y trabajo.

Vibra en amor y sal a comerte el mundo.

17 DE FEBRERO

Abrázate muy fuerte

En los días poco fáciles, en los momentos de incertidumbre, en los días grises... voltea al cielo y pide ayuda: *Queridos Ángeles de la Guarda los necesito*. Y ABRÁZATE MUY FUERTE.

En ese abrazo sentirás tu amor propio y el amor de los Ángeles. ¡No estás solo! Pase lo que pase, siempre te tendrás a ti y el apoyo de estos seres de luz.

Cuando las cosas no caminen como esperabas, no seas severo contigo mismo, al contrario, es cuando debes poner a prueba todo lo aprendido y tratarte amablemente. Háblate con amor, no te juzgues, no te señales, no te culpes...

Mejor sé tu mayor apoyo. Sé fortaleza y, desde esta postura, podrás analizar mejor el panorama y encontrar la mejor solución.

VUELVE A ABRAZARTE y notarás cómo has crecido.

18 DE FEBRERO

Estoy dispuesto a amarme

ÁMATE TANTO que te pongas en el lugar #1 de tu lista de prioridades.

ÁMATE TANTO que sepas poner límites y utilices la palabra NO.

ÁMATE TANTO que aplaudas todo lo bueno que hay en ti.

ÁMATE TANTO que todos los días te elijas a ti.

ÁMATE TANTO que no aceptes migajas de amor.

ÁMATE TANTO que decidas alejarte de personas o situaciones que te lastiman.

ÁMATE TANTO que sientas que eres un mensajero de amor.

ÁMATE TANTO que elijas lo que te hace feliz sin remordimiento

ÁMATE TANTO para que no dudes que mereces los mejor.

ÁMATE TANTO para que nadie te haga dudar lo que vales.

ÁMATE TANTO que aprendas a pedir perdón.

ÁMATE TANTO y agradece.

ÁMATE TANTO que, constantemente, alimentes tu fe.

ÁMATE TANTO para que te sientas bien contigo.

ÁMATE TANTO y comparte.

ÁMATE TANTO para que tus seres queridos también se contagien de amor.

ÁMATE TANTO y sé una buena persona.

19 DE FEBRERO

El Arcángel Chamuel te abre la puerta del amor

Toc, toc… toco la puerta del amor pues merezco ser amado.

Toc, toc… toco la puerta del amor porque mi esencia es amor.

Toc, toc… toco la puerta del amor pues mi alimento principal es AMAR.

Toc, toc… toco la puerta del amor porque me amo, te amo y nos amamos.

Toc, toc… toco la puerta del amor porque me sé amado por Dios y los Ángeles.

Divino Arcángel Chamuel te pido que con tu llave celestial me abras la puerta del amor… ¡Estoy listo!, y con tu luz rosada generes una gran lluvia de amor puro y sincero que moje mi vida…

He enfrentado varias batallas, muchas de ellas internas y, hoy sé, que la mejor medicina para sanar las heridas, es el AMOR PROPIO y el AMOR CELESTIAL.

20 DE FEBRERO

Los Ángeles te aman eternamente e intensamente

Un comentario constante de mis pacientes es «estoy seguro que los Ángeles ya no me quieren». ¡Lo cual es imposible! Los Ángeles no te quieren un día y, al otro, ya no.

LOS ÁNGELES TE AMAN ETERNAMENTE E INTENSAMENTE. Y así me lo han dicho:

«Desde que tu alma fue creada por Dios, nació nuestro amor por ti. Y ese amor será eterno. No tienes que hacer algo especial para ganártelo o merecértelo... Nosotros te vemos con ojos de amor».

En ocasiones, nuestra energía del amor puede vibrar bajo y, por eso, quizá, no sientas el apapacho de los Ángeles. Lo único que tienes que hacer es voltear al cielo y repetir: *Abro las puertas de mi mente y mi corazón para recibir el amor celestial.*

21 DE FEBRERO

10 cosas que admires de ti

Escribe en las líneas, 10 cosas (acciones, sentimientos, cualidades, emociones…) que admires de ti. Sé honesto y date tu tiempo para reflexionarlas. Hay quienes se tardan unos minutos en escribirlas y otros, todo un día en terminar el ejercicio. No hay prisa.

1. _____
2. _____
3. _____
4. _____
5. _____
6. _____
7. _____
8. _____
9. _____
10. _____

Si es la segunda o tercera vez que lees este libro, puedes usar una hoja en blanco para realizar el ejercicio y después guardarla entre estas páginas.

22 DE FEBRERO

«No temas, no estás solo, yo el Arcángel Chamuel te amo con dulzura celestial»

«Amado mío, entiendo tus sentimientos y sé de tus necesidades. Dios me envió para conducirte por el sendero de la felicidad y arroparte con amor. Eres único e irrepetible. Cierra los ojos y siente mi presencia. Recibe un beso hermoso en la frente. Estoy junto a ti, en este momento, mientras lees estas líneas. Estoy aquí para decirte: «no temas, te amo con dulzura celestial». Habla conmigo constantemente, involúcrame en tus planes, dame permiso de ayudarte y te conduciré hacia el triunfo. Déjame elevar tu energía del amor y tu conciencia para que seas un imán de bendiciones. Créeme, desde que estás leyendo estas palabras; yo ya comencé a arroparte con mi luz rosada, pues mi único objetivo es llenarte de bienestar, amor, momentos felices, salud y prosperidad. ¡Quiero coronar tus esfuerzos! ¡Cuentas siempre conmigo!».

23 DE FEBRERO

Estarás bien

«*Estarás bien*», me susurraron al oído los Ángeles de la Guarda y me piden que te lo repita varias veces: «*Estarás bien y todo se acomodará a tu favor, volverás a tener días brillantes y llenos de sonrisas. No serás el mismo, serás mejor pues habrás aprendido en el camino. Tu corazón sanará y volverás a creer en ti mismo*».

Quizá, en este momento, te cuesta mucho trabajo entenderlo pues sientes que te ahogas en tus «problemas», pero los Ángeles quieren que sepas que: «*no importa lo que estés viviendo, pasará, no durará para siempre… ERES MÁS FUERTE DE LO QUE CREES. Confía en ti y en nosotros. ¡Hacemos buen equipo! Estamos soplando los vientos a tu favor y, muy pronto, más de lo que te imaginas, saldrás de ahí*».

Recuerda que las tormentas más fuertes, vienen a limpiar tu camino y, con un nuevo amanecer, tendrás una nueva oportunidad.

24 DE FEBRERO

¡Ten paciencia! El proceso de sanación requiere tiempo

Seguramente has escuchado por ahí la frase: «el proceso de sanación es como una montaña rusa», pues te tengo noticias, no sólo es una frase, es una realidad. Y es que hay días en los que el dolor es intenso, después disminuye, luego desaparece y, cuando crees que ya no habrá dolor, regresa. Es un proceso que requiere tiempo, paciencia y amor propio. Y este proceso, también aplica para el fin de un romance, un divorcio, un pleito familiar, dejar ir a una amistad… En el proceso habrá dolor, extrañarás, sentirás el corazón roto, pero el Arcángel Chamuel jamás te soltará y, de su mano, será más fácil sanar: «*sé honesto y reconoce lo que sientes, ese sentimiento es real, pero no te aferres a él, porque simplemente lo alargarás, y es pasajero, tiene fecha de caducidad y mereces sanar. Sí, llora y mucho. Llorar es yoga para el alma y limpia tus emociones. Caminaré junto a ti, seré tu apoyo, te aconsejaré, te consolaré, seré tu paño de lágrimas y seré esa luz que te sacará adelante. Te pido que no seas severo contigo mismo, mejor sé amable, estás haciendo lo mejor que puedes, no te presiones, vamos un paso a la vez*».

Recuerda que te estás reconstruyendo, reinventando, reconciliándote contigo mismo, aprendiendo y, eso, requiere tiempo.

25 DE FEBRERO

Los 7 Arcángeles te ayudan a sanar mientras duermes

Hoy, antes de dormir, realiza las siguientes peticiones a los 7 Arcángeles y deja que sus luces te sanen mientras duermes. Realiza este ejercicio 21 días consecutivos.

Que tu LUZ AMARILLA BRILLANTE, Arcángel Jofiel, recorra mi mente embelleciendo mis pensamientos.

Que tu LUZ VERDE ESMERALDA, Arcángel Rafael, sea la medicina celestial que sane mi cuerpo.

Que tu LUZ ROSADA, Arcángel Chamuel, calme mi corazón para que vuelva a confiar en el amor.

Que tu LUZ ROJO RUBÍ, Arcángel Uriel, me conduzca a las soluciones que necesito a mis problemas.

Que tu LUZ BLANCA Y PURA, Arcángel Gabriel, me ayude a entender los mensajes celestiales de manera clara y me otorgue el don de la sabiduría divina.

Que tu LUZ AZUL TURQUESA, Arcángel Miguel, elimine todos mis miedos.

Que tu LUZ MORADA, Arcángel Zadquiel, sea mi faro que ilumine mi nuevo camino que estoy experimentando y que enfrente los cambios positivamente.

Mientras duermes, y a través de los sueños, recibirás sus mensajes, incluso podrás llegar a ver a alguno de los Arcángeles.

26 DE FEBRERO

Comienza a escribir tu diario angelical

A mí, me ha funcionado escribir mi propio Diario Angelical. Escribo los mensajes que recibo de los Ángeles a través de los sueños. Esto, para recordarlos completos o por si en ese momento no se entiende. Los Ángeles te transmitirán la misma información hasta que la entiendas.

Si sueño con un Ángel, escribo cómo era, el color de su luz, cómo iba vestido, el tono de su voz o su nombre, para saber qué Ángel era o cuántos me acompañan.

Describo las señales que me voy encontrando en mi día a día: números repetidos, plumas, arcoíris, monedas, destellos de luz, nubes en forma de Ángel... Junto a la señal, escribo el pensamiento que tuve cuando la vi o lo que estaba sucediendo a mi alrededor, pues así sabré su significado.

Escribo, con el corazón en la mano, mis peticiones a los Ángeles, ellos se sientan junto a uno para leer las peticiones. Anoto las preguntas que les hago, así será más fácil recordarlas. Escribo oraciones, decretos o frases que alimentan mi alma y los momentos felices, pues así le digo al universo que necesito más de éstos.

El Diario Angelical es muy personal y los beneficios positivos son muchos. ¡Comienza a escribirlo!

27 DE FEBRERO

Tú eres la persona más hermosa del mundo

Por sí se te había olvidado… Ante los ojos de Dios, eres la persona más hermosa del mundo, eres perfecto y ÉL te ama inmensamente. Si Él te ve así, no tendrías porqué sentirte menos. Créetelo, ¡ERES AMOR PURO! Incluso, eres un canal de bendiciones para los que te rodean. Así que sal a comerte al mundo y deja huella de amor en los corazones de las personas que se crucen en tu camino.

28 DE FEBRERO

Adiós y gracias febrero. Hoy puedo gritar: soy el amor de mi vida... ¡soy mi mejor proyecto!

Febrero fuiste una gran lección de AMOR: aprendí que las mejores respuestas están en mi interior y que soy el único responsable de mi felicidad, pues ésta habita en mí y en grandes cantidades. Hoy puedo gritar: «Soy el amor de mi vida… ¡Soy mi mejor proyecto!».

Ahora, con el corazón lleno de amor, estoy listo para crear mi entorno en armonía y tomar los retos de la vida desde una visión positiva. SOY UN IMÁN DE AMOR.

El mundo sería diferente si todos ondeáramos la bandera del amor.

Decreto: «Soy feliz porque mi alma está llena de amor».

29 DE FEBRERO

¡Día extraordinario! ¡Vienen cambios maravillosos!

Cada 4 años, la vida nos regala un día extra en el calendario: 29 de febrero. Y si bien, tiene una explicación científica, en el mundo de los Ángeles es un día muy poderoso, mágico, de una carga de energía extra… ¡Un regalo divino!

Los Ángeles te preguntan: «*¿Qué harás con este día extraordinario?*» y te sugieren: «*¡Es ideal para crear! Para comenzar un nuevo proyecto, dar un paso hacia tus metas. Lo que inicies hoy, dará resultados exitosos. No le temas al cambio, pues lo necesitas y te llevará a caminos abundantes*».

Este día sucede cada 4 años y, este número, en el mundo angelical significa: «Los Ángeles están trabajando en tus peticiones» y, el 29 (febrero), si los sumamos nos da 11: «No estás sólo y tus Ángeles te acompañarán en todo el proceso».

1 DE MARZO

¡Bienvenido marzo! Tu personalidad florece

Es el mes 3, y 3 ejércitos de seres de luz harán equipo para ayudarte: tus Ángeles de la Guarda, los Maestros Ascendidos y los Ángeles de la Naturaleza.

Es un mes de mucha protección, guía y movimiento energético. Fin de ciclos y surgimiento de nuevas oportunidades con la llegada de la primavera. Necesitas tener los pies bien puestos en la tierra. Estos cambios energéticos harán florecer tu personalidad.

En el mundo de los Ángeles, el número 3 significa: «Recibirás ayuda de los Maestros Ascendidos (¿Quiénes son los Maestros Ascendidos? Jesús, El papá Juan Pablo II, un Santo, la Madre Teresa de Calcuta, un ser querido, tu mamá o tu papá en el cielo). Y son estos Maestros Ascendidos quienes te piden que te enfoques en tu esencia, en tu fe, en tu espiritualidad, soltando cualquier preocupación materialista. Además, si pediste respuestas angelicales, ¡las tendrás! Recuerda, que estos seres de luz pueden ver todos los ángulos de cualquier situación y así ayudarte a resolverlo favorablemente para ti».

2 DE MARZO

Crea tu altar de Ángeles o espacio espiritual

A mí me encanta tener mi altar de Ángeles y Arcángeles, darles la bienvenida, prenderles una vela, conectar con ellos y agradecerles con flores blancas. ¡Es mi espacio personal! ¡Mi alimento espiritual!

Si tu corazón te dice: *«es momento de crear mi altar de Ángeles»*, ¡hazlo! A continuación, te doy algunos tips:

1. ¡No importa el tamaño! Elije un lugar de tu hogar en donde sientas una energía muy bonita.
2. Puedes colocar figuras o imágenes de Ángeles o Arcángeles, pero también puedes poner a algún maestro ascendido como Jesús. Alguna Virgen. Es tu espacio y caben todos aquellos en los que creas. Este espacio representa tu conexión con la divinidad.
3. Importantísimo: velas o cirios. Serán tu puente de comunicación con estos seres de luz. Recuerda sólo prender tu vela mientras haces tu petición y apagarla. ¡No hay necesidad de dejarla prendida todo el día!
4. Coloca cuarzos, semillas, monedas, inciensos… Todo aquello que sume para elevar tu energía.
5. De vez en cuando, regálales flores naturales para agradecerles.
6. Es tu altar, así que tú, no alguien más, lo limpias y lo sacudes.
7. Puedes compartir tu altar con tus seres queridos.

3 DE MARZO

¿Cómo sé que me están hablando los Ángeles y que no es producto de mi imaginación?

Durante mis conferencias, una pregunta muy común y hasta la hacen con culpa o pena es: «¿Cómo sé que me están «hablando» los Ángeles y no es producto de mi imaginación?». Y les contesto: «Primero no debes sentir culpa, ni pena por tener esta duda, es muy normal, los Ángeles no te van a criticar ni castigar. Ahora bien, sólo aquellos que creen en estos seres de luz entenderán sus señales. Tienes que saber que todos sus mensajes están cargados de gran amor, así que éstos tienen que transmitirte mucha paz (ojo, jamás miedo), en ocasiones esta paz viene acompañada de aromas agradables. Es como si tu mamá o papá te dieran un abrazo cálido y cariñosamente te estuvieran dando un consejo sin juzgarte. A veces puedes sentir la piel chinita (en positivo), un calorcito especial, sentir que te tocan el hombro (en positivo), ver chispas de colores, escuchar que alguien menciona tu nombre, algo de música… Estos seres de luz te harán saber que son ellos quienes te están hablando».

4 DE MARZO

Los Ángeles te envian el mismo mensaje en repetidas ocasiones para que lo entiendas

Cuando no entiendes o no ves un mensaje, una respuesta o señal de los Ángeles, estos seres de luz te lo enviarán en repetidas ocasiones. Por ejemplo: el número 111 lo verás en la fachada de un edificio, en la hora de tu celular (11:11) y en las placas de un auto en el transcurso de un tiempo corto (mismo día).

Otro ejemplo: a veces la misma respuesta la escucharás en una canción, en tus sueños, en el nombre de una serie de televisión y en la portada de un libro. Los Ángeles buscarán llamar tu atención para que entiendas el contenido del mensaje y sepas que son ellos quienes te lo están dando.

5 DE MARZO

Los Maestros Ascendidos te dicen:

«Puedes recurrir a nosotros en cualquier momento, somos parte de tu cuerpo, mente y alma. Somos la fuente de tu riqueza espiritual y ten la certeza que eso que necesitas, te llegará. ¡Seremos proveedores! ¡Te sostendremos! ¡Te ayudaremos a llegar a tus sueños! Alejaremos los deseos de tu ego que se enfocan en que la felicidad radica en las cosas materiales y te mostraremos la verdadera felicidad. ¿Sanarás? ¡Claro! Nuestras vidas te servirán de ejemplo del poder de los pensamientos positivos; tus pensamientos determinan los resultados. Estás avanzando: disfruta cada paso».

6 DE MARZO

Un ingrediente importantísimo en una relación sana es la comunicación

Hoy en día, me parece sorprendente cómo se le señala a una persona de tóxica simplemente por expresar lo que siente en una relación. ¡Eso no es ser una persona tóxica! Al contrario, yo creo que un ingrediente importantísimo en una relación sana es LA COMUNICACIÓN. Esa libertad y confianza de expresar lo que te gusta o lo que no.

No es tóxico, sino sano… decirle a tu pareja lo que te molesta.
No es tóxico, sino sano… platicar tus problemas y pedir ayuda a tu pareja.
No es tóxico, sino sano… expresar cuándo te sientes vulnerable.
No es tóxico, sino sano… repartir las labores del hogar.
No es tóxico, sino sano… compartir el cuidado y la educación de los hijos.

Las relaciones sanas también son aquellas que tienen conversaciones incómodas, que enfrentan obstáculos y los superan juntos, que caminan en beneficio de la relación y no sólo de uno mismo. El amor en pareja se construye entre dos. Y es el Arcángel Chamuel quien guiará tu relación, te aconsejará en asuntos del corazón, limpiará tus lágrimas y aplaudirá tus sonrisas… Recurre a él cuando sientas que estás tambaleando en asuntos del amor, pero también recurre a él para agradecerle cuando todo marche de maravilla.

7 DE MARZO

Llorar es yoga para el alma

A lo largo de la vida, nos han enseñado, equivocadamente, que llorar es de débiles, que llorar está mal, que llorar no soluciona nada, que llorar es un fracaso, incluso que los hombres no lloran... Hoy, te digo, con todo mi corazón, que LLORAR ESTÁ BIEN. Llorar de alegría, ¡está bien! Llorar de tristeza, ¡está bien! Llorar cuando ves una película, ¡está bien! Llorar en el festival de tus hijos, ¡está bien! Llorar en las buenas, ¡está bien! Y en las malas, también. ¡No te avergüences de tus lágrimas! ¡Ni pidas disculpas por ellas! Cada una de tus lágrimas lleva una carga emocional enorme. Una parte de tu esencia. Me voy a poner un poco poética pues te quiero decir que LLORAR PURIFICA Y LIBERA. LLORAR ES YOGA PARA EL ALMA.

Cuando tú le pides ayuda y consuelo a tus Ángeles de la Guarda, estos seres de luz te rodean y, con su inmenso amor, limpian tus lágrimas y te envuelven entre sus alas reconfortándote, apapachándote, reinventándote... una especie de abrazo maternal/paternal. Ese abrazo que te recarga de energía y que te impulsa a seguir adelante con la frente en alto.

Ahora ya lo sabes, de ahora en adelante, en lugar de decirle a una persona «no llores», mejor dile:

«Llorar está bien».
«Llora todo lo que quieras».
«Estarás bien».
«Estoy contigo».
«Te entiendo».
«No te dejaré».

8 DE MARZO

¡Alto! Reconoce esas emociones que te están robando energía y ¡atiéndelas!

Una paciente llegó a mí con un inmenso dolor emocional: «¡Ay Gaby, esto que estoy sintiendo me hace sufrir de manera descomunal y me siento culpable... siento que algo malo me va a pasar!». Le expliqué que no debería sentir culpa ni pena por sus emociones y le pedí que dejara de imaginarse escenarios negativos. Le dije: «hay emociones que son un foco rojo que parpadea advirtiéndote algo que debes trabajar. Si te está doliendo es porque hay una herida que tienes que sanar. Y los Ángeles te pueden ayudar. ¿En qué tienes que trabajar? En aumentar tu inteligencia emocional y amor propio, pues así cuando te enfrentes a una emoción incómoda, quizá te duela, pero no te tirarás al drama, ni lo sufrirás, ni lo sentirás como una carga pesada, ni habrá finales imaginarios fatalistas en tu mente. Sabrás que ese dolor se irá, lo soltarás, perdonarás lo que tengas que perdonar, aprenderás y renacerás en una mejor versión de ti». En cada emoción hay un aprendizaje.

9 DE MARZO

Imagina soluciones felices a tus problemas

Ante un problema, la mayoría de las personas, tienden a imaginarse un escenario trágico y un futuro desolador. Y a esas personas les tengo noticias: cuesta el mismo trabajo pensar positivamente o negativamente. Cuesta el mismo esfuerzo vivir en amor o en odio. ¡Sólo que los beneficios son diferentes! Cuando creas escenarios positivos o felices a un problema, el cielo lo toma como una afirmación y comienza a trabajar por ese camino. Aunado a esto, cuando vives de la mano de tus Ángeles de la Guarda, quienes por cierto ya conocen parte de tu futuro, tienes la certeza de que tus problemas se resolverán de la mejor manera para ti.

Un tip: cuando llegue a tu mente ese «supuesto» final terrible a tu problema, repite: *Mis queridos Ángeles de la Guarda con su luz brillante iluminen mis pensamientos y eliminen la oscuridad de ellos.* E inmediatamente después, imagina una solución feliz a ese problema, esa solución ideal para ti. Incluso puedes escribirla en tu diario angelical como una forma de decretarlo.

Cambiar el «chip» de tus pensamientos es un trabajo diario que requiere paciencia.

10 DE MARZO

Medita y conecta con tus Ángeles de la Guarda

Podría escribir un libro completo con los beneficios de la meditación.

MEDITACIÓN = SANACIÓN.

MEDITACIÓN = AUTOCONOCIMIENTO.

MEDITACIÓN = CONEXIÓN CON LA DIVINIDAD.

MEDITACIÓN = COMUNICACIÓN CON TUS ÁNGELES
DE LA GUARDA.

MEDITACIÓN = ALIMENTO PARA EL ALMA.

MEDITACIÓN = PAZ INTERIOR.

MEDITACIÓN = VERDAD INTERIOR.

MEDITACIÓN = HOGAR CELESTIAL.

Por mencionar sólo algunos de los más importantes.

Por experiencia propia, es ahí, en esa calma interior que provoca la meditación, donde he podido comunicarme de manera más eficaz con los Ángeles y recibir sus hermosos mensajes a mis preguntas. A veces llegan frases completas, imágenes, sensaciones, a veces se me presentan los Ángeles en chispas de colores, siluetas…

¡Sus mensajes siempre están cargados de amor!

11 DE MARZO

7 tips para meditar

Cuando le sugiero a una persona que comience a meditar, su primera reacción es «qué difícil. ¡No sé si lo vaya a lograr!». Y le contesto: «sólo requieres de 3 cosas: fe en ti, practicar y paciencia. Comienza a hacerlo 21 días consecutivamente y notarás el gran avance. Lo más importante es que decidas practicarlo porque estás convencido de los beneficios y que no lo veas como una tortura. En la meditación no existen reglas, ni un manual ABC... Sin embargo, puedes iniciar cerrando los ojos y concentrándote en tu respiración, esto ayudará a calmar tu mente».

Aquí te dejo algunos tips que me han ayudado a la hora de meditar:

1. Trata de hacerlo al despertar, pues tu mente está más despejada.
2. Elige un lugar tranquilo, puedes hacerlo frente a tu altar o en contacto con la naturaleza.
3. Enciende una vela, es tu puente de comunicación con tus Ángeles de la Guarda.
4. Toma un poco de agua antes de comenzar. Este líquido llevará información a todo tu cuerpo.
5. Pon música, te ayudará a relajarte.
6. Apaga tu celular. No necesitas distracciones.
7. Sé consciente que son minutos para ti.

12 DE MARZO

*Antes de iniciar tu meditación, pídele ayuda
al Arcángel Metatrón*

Al practicar la meditación constantemente, lograrás mejores resultados. ¡Ten paciencia con el proceso! Te aconsejo que, antes de iniciar una meditación, pidas ayuda al siguiente Arcángel:

Poderoso Arcángel Metatrón: desbloquea mis canales para lograr una exitosa conexión con mi hogar celestial... la divinidad... Y así, libres mis canales, los mensajes me lleguen claramente. Que durante mi meditación mis emociones descansen, mis pensamientos se calmen y mi creatividad basada en el amor despierte. Estoy listo para disfrutar este banquete espiritual.

13 DE MARZO

Tu alma también necesita vitaminas como estas:

- Oración.
- Perdón.
- Amor propio.
- Compasión.
- Autocuidado.
- Ejercicio.
- Meditación.
- Compartir.
- Ayudar al prójimo.
- Risas.

Puedes comenzar con alguno, no importa el orden. Notarás cómo tu vida experimenta un cambio positivo.

14 DE MARZO

Eres amor y hay amor a tu alrededor

Veo AMOR en mí.
Veo AMOR en cada persona.
Veo AMOR en la naturaleza.
Veo AMOR en la soledad.
Siento el AMOR de Dios.
Siento el AMOR de los Ángeles.
Siento el AMOR del universo.
Siento el AMOR de mis seres queridos.
Siento el AMOR de mi pareja.
Pongo AMOR en mis palabras.
Pongo AMOR en mis decisiones.
Pongo AMOR en mis acciones.

15 DE MARZO

Mi familia y yo tenemos un Ángel en el cielo que se llama Lucía

Quizá al leer estas líneas te enterarás por primera vez: mi familia y yo tenemos un Ángel en el cielo que se llama Lucía, mi amada hija que murió en mis brazos a las pocas horas de haber nacido. Y su luz brillante y poderosa nos protege y nos guía. A continuación, te platicaré cómo mi angelita Lucía se ha manifestado para tranquilizar nuestros corazones y darnos buenas noticias.

Hace algún tiempo, mi esposo tenía un fuerte dolor en una de sus rodillas. Al ir al doctor le dijo que tenía que someterse a una cirugía. Y si bien, no era de vida o muerte, si implicaba un enorme riesgo y una recuperación lenta y de mucha terapia. Así que comenzamos a organizarnos en temas de la casa para que se lograra esa operación lo más pronto posible. Todo se fue acomodando de una manera fácil y agradable.

Llegó el día, toda operación nos genera cierta preocupación y, al estar en el quirófano, de repente se acercó la enfermera que lo iba a atender durante la operación y le dijo: «Señor Alejandro yo cuidaré de usted. Mi nombre es Lucía González». La enfermera se llamaba LUCÍA GONZÁLEZ. Sí, nombre y apellido como el de nuestra hija, como el de nuestra Ángel. Cuando me lo platicó, sentí un abrazo del cielo, una paz enorme y vi que su cara era de agradecimiento. Una cara que todos podemos vivir si confiamos en nuestros Ángeles. La enfermera era un Ángel terrenal enviado por nuestra hija Lucía.

16 DE MARZO

Las buenas noticias de tus Ángeles de la Guarda
llegan a tu vida de formas inesperadas

Mi hermano y yo estábamos pasando por una situación poco fácil y, con toda mi fe, le pedí ayuda a mi Ángel Lucía. Días después, una de las empleadas que trabaja conmigo me dijo que ya había encontrado a una persona que podría ayudarme. La cité al día siguiente para platicar con ella. Desde que llegó a mi casa, sentí su energía… Me transmitió mucha paz. Platicamos por unos minutos y, después de que entendió lo que tenía que hacer, le pedí que me diera una copia de sus documentos oficiales que previamente le había solicitado. Cuando leí su nombre… ¡Oh sorpresa! Se llamaba también LUCÍA GÓNZALEZ, mismo nombre y apellido de mi hija Lucía, quien ahora me cuida a mí y a mi familia desde el cielo.

¡Mi Ángel Lucía!

Fue entonces que entendí que ella era la persona correcta y que ELLA VENÍA CARGADA DE BUENAS NOTICIAS. Fue como si mi Ángel Lucía entrara a mi casa a decirme: «*¡Hola cariño! Todo marchará bien, vas por buen camino. Estoy junto a ti tomándote de la mano. No estás sola. Soy la luz que ilumina tu andar. Te amo inmensamente y lo único que quiero es que seas feliz. Estoy aquí para ayudarte*».

Al escribir esta historia, mis ojos se llenan de lágrimas al revivir ese sentimiento tan hermoso. ¡He sido una mujer bendecida! Y así como yo, he recibido la ayuda de estos seres de luz, tú también puedes. El primer paso es creer en ellos y darles permiso de involucrarse en tu vida. Al terminar de leer estas líneas, pídeles ayuda… ¡Este es el momento!

17 DE MARZO

Los 7 Arcángeles también te ayudan en tareas cotidianas por muy sencillas que parezcan

Los Arcángeles nos ayudan en tareas cotidianas que muchos podrían considerarlas simples. Pero, recuerda que para estos seres de luz no hay tareas fáciles o difíciles, ellos te ayudan con todo su amor. Aquí te dejo algunos ejemplos:

- Perdiste las llaves de tu casa, el ARCÁNGEL CHAMUEL te ayuda a encontrarlas.
- Te compraste un coche, pídele al ARCÁNGEL MIGUEL que lo proteja de cualquier accidente.
- Quedaste estresado después de ver una película, el ARCÁNGEL JOFIEL embellecerá tus pensamientos.
- Te cuesta trabajo estudiar un tema para un examen, el ARCÁNGEL URIEL te ayudará a entenderlo mejor.
- Tienes antojos constantemente, pídele al ARCÁNGEL RAFAEL que los elimine.
- No sabes qué palabras usar en una entrevista de trabajo, el ARCÁNGEL GABRIEL te las susurrará al oído.
- Se te olvidó el nombre de una persona, el ARCÁNGEL ZADQUIEL te lo recuerda.

Que no te de pena pedirle ayuda a los Ángeles y Arcángeles por muy sencilla, simple o fácil que parezca tu petición. Recuerda que ellos son felices ayudándote en todas tus tareas diarias.

18 DE MARZO

Sal a divertirte

¡Lo necesitas UR- GEN- TE- MEN- TE! Sé que eres muy responsable en el trabajo y el cuidado de los demás, pero también deberías de ser responsable con tus tiempos de diversión. Y es que el divertirte no debería de ser un pendiente en tu lista. Tus tiempos de diversión deberían de tener un equilibrio con tus tiempos de trabajo. Es decir, deberían ser constantes y no ocasionales.

¿Hace cuánto que no te diviertes con un juego de mesa?, ¿o bailas sola frente al espejo?, ¿o vas al teatro?, ¿o a un concierto?, ¿o patinas?, ¿o lees una novela?, ¿o vas a nadar? Por mencionar algunos ejemplos que sabes que te divierten.

Programa tus días para que tengan una dosis de trabajo, pero también una dosis de diversión.

19 DE MARZO

Cuando haces equipo con los Ángeles...

Puedes transformar la enfermedad en salud.

Puedes alejar las nubes grises de tu vida y tener días brillantes.

Puedes pasar de la escasez a la estabilidad económica.

Puedes acabar con las pesadillas y dormir en paz.

Puedes brincar de la soltería al amor en pareja.

Puedes reconciliarte contigo mismo.

Puedes disfrutar momentos en soledad.

Puedes eliminar esa idea de que no vales nada y sentirte poderoso.

Puedes respirar amor.

Puedes ver orden donde hay caos.

Puedes abrir las puertas de las oportunidades.

Puedes perdonar de corazón.

Puedes ver con ojos de amor.

Puedes ayudar a los demás.

Puedes ser la luz en la vida de otros.

Puedes hacer tus sueños realidad.

Puedes ser un hombre o una mujer Ángel.

PUEDES SER FELIZ.

20 DE MARZO

Dale la bienvenida a la primavera de la mano de los Ángeles de la Naturaleza

En muchos países, hoy inicia la primavera y las puertas del cielo se abren derramando una poderosa carga energética. ¡Los Ángeles de la Naturaleza están de fiesta y llenos de regalos para ti! Están listos para escuchar tus peticiones y hacer florecer y dar frutos a todo aquello que tengas en mente. ¡Quieren embellecer tu vida! Sin embargo, estos seres de luz, me piden que te pregunte: «¿Cómo está tu relación con la naturaleza?, ¿cuáles son tus aportaciones? o ¿cómo tratas a los animales o a las plantas?». Si es una relación tibia, creo que la petición que deberías hacerles hoy es que te ayuden a alimentar tu conexión con la naturaleza y disfrutar de los beneficios que esto conlleva.

¿Qué hacer el día de hoy?

1. Puedes hacer tus peticiones en un jardín, bosque, frente al mar… de preferencia descalzo sintiendo el pasto o la arena. Si estás en tu casa, decórala con flores y abre las puertas y ventanas para que entre la energía de la primavera. Incluso puedes poner sonidos de la naturaleza.
2. Este ejercicio lo puedes hacer a cualquier hora del día.
3. Antes de comenzar, tómate medio vaso de agua para que este líquido sirva como medio de comunicación con cada célula de tu cuerpo.
4. Cierra los ojos unos segundos e imagina cómo un ejército de Ángeles de la Naturaleza te rodea, entre estos seres de luz algunas hadas.
5. Realiza tus peticiones con toda tu fe y finaliza con la frase: *y que mi energía se alinee con la de la naturaleza. Gracias, gracias, gracias.*

21 DE MARZO

Comienza una relación con los Ángeles de la Naturaleza

Constantemente me preguntan «¿Cuántos Ángeles hay en el cielo?» Y les explico: «¡Un número ilimitado! ...existen tantos Ángeles como situaciones a resolver o áreas de oportunidad». Y de ahí, la existencia de los Ángeles de la Naturaleza, quienes, si bien, tienen la especialidad del cuidado del planeta (incluido el reino Animal y Mineral), una de sus misiones es hacerte florecer en todas las áreas de tu vida, llevándote aires de prosperidad. Si no estás familiarizado con estos seres de luz, no te preocupes, comienza desde cero y aprovecha ahorita que la energía está alta por el inicio de la primavera: realiza un paseo al aire libre y respira profundamente llenando tus pulmones de aire fresco y siente cómo ese poder te recarga la pila. Contempla un jardín con flores. Acaricia a tu mascota y háblale con palabras de amor. Llena tu hogar de plantas. Comienza a reciclar. Planta un árbol. Y mientras realizas estas actividades entabla una conversación con estos Ángeles: dales permiso de involucrarse en tu vida, platícales de ti, de tus sueños, de tus temores, de tus dudas sobre cómo puedes ayudar al planeta.

Pídeles que sus mensajes sean claros y que despierten en ti el amor por la naturaleza. ¡Consciencia sana! Recuerda que la NATURALEZA TIENE PODERES CURATIVOS.

22 DE MARZO

Deja que los Ángeles de la Naturaleza limpien tu energía

Así como una madre cuida a sus hijos, la madre naturaleza también quiere lo mejor para ti. Y así como las mamás tienen sus remedios caseros, la madre naturaleza también, y su energía sirve como purificador de tu cuerpo, mente y alma. Sal y convive con la naturaleza y deja que sus elevadas vibraciones de energía desintegren cualquier cosa que esté obstaculizando tu esencia.

No necesitas ir a un bosque o viajar a la playa, en las ciudades también hay áreas verdes. Incluso puedes darte un «baño» de sol y será suficiente. Escuchar el sonido de una fuente o sentir su brisa. Disfrutar de una tarde lluviosa o darle de comer a los pajaritos.

Abraza un árbol y deja que absorba esas vibras negativas como estrés, angustia, ansiedad o cualquier dolencia. ¡Inténtalo y te sentirás renovado! Deja que los Ángeles de la naturaleza te sanen de forma natural.

Tip: Si sientes que no tienes tiempo para pasar un rato con la naturaleza, pídeles a tus Ángeles que te ayuden a liberar tu agenda. Y notarás que tendrás el tiempo para hacerlo.

23 DE MARZO

Cariñosos Ángeles de la Naturaleza...

Los invoco en este momento sagrado y les pido que se acerquen a mí y a mi hogar impregnando de su esencia cada rincón. ¡Sean mi luz brillante!

Así como una flor necesita de la luz del sol para crecer, ustedes sean mi luz para que mis proyectos, mi abundancia y pensamientos positivos sigan creciendo. Agiten sus alas fuertemente dentro de mi hogar sacando cualquier energía contaminada, para que el aire que se respire sea una fuente pura de energía. ¡Regeneradora!

Ángeles de la Naturaleza mientras duermo, purifiquen mi mente, corazón y cuerpo, mientras camino, protéjanme de las personas negativas y, mientras trabajo, inspírenme y florezcan mis talentos. Amén.

24 DE MARZO

Un paseo en solitario en la naturaleza también es meditar

Una actividad que a mí me encanta es meditar en contacto con la naturaleza, porque si de por sí la meditación te da muchos beneficios espirituales, imagínate cuando le sumas la energía sanadora de la naturaleza… ¡Woow! ¡Qué rico alimento espiritual!

A veces un paseo por el campo, en un parque o en un jardín es suficiente para conectar con tu interior y desbloquear tus sentidos… ¡Un paseo en solitario también es meditar!

Al aire libre disfrutas de los sonidos naturales: el canto de los pájaros, el correr del agua o el baile de los árboles. ¡Qué bonita música! El oxígeno que inhalas se siente fresco. Tu cuerpo y mente se vuelven uno con la naturaleza. La naturaleza tiene ese poder de desconectarte con lo que no necesitas para conectarte con lo que suma a tu ser.

25 DE MARZO

¡Disfruta lo que tienes! ¡Celebra quien eres!

Respira y haz una pausa, quiero preguntarte: «¿Estás consciente de todo lo que has logrado hasta este momento?». ¡Has dado pasos GIGANTES! ¡Has llegado lejísimo! ¿Cuántas batallas internas has enfrentado y salido victorioso? Sí, has enfrentado miedos y has tenido que ser valiente (ni siquiera sabías que podías serlo). Te has caído y te has levantado, has dejado ir y han llegado cosas nuevas que suman a tu vida. ¡Felicítate! ¡Consiéntete! ¡Apláudete! ¡Disfruta lo que tienes! ¡Celebra quien eres! Porque allá arriba, sí, en el cielo, están muy orgullosos de ti.

26 DE MARZO

Tip: Abre las puertas de las oportunidades

Una manera de obtener las cosas es decretándolas y a mí, me ha funcionado el siguiente ejercicio: cada vez que uso mis llaves, visualizo, imagino, decreto que éstas, están abriendo las puertas de las oportunidades que me acercan a mis metas, a la realización de mis sueños o generan un crecimiento en mis proyectos. ¡Así de sencillo! Y este ejercicio no sólo lo aplico en cuestiones profesionales, sino también personales.

27 DE MARZO

El mejor regalo que le puedes dar a una persona es incluirlo en tus oraciones

Y no sólo en momentos de tristeza, sino también en momentos de felicidad o dicha. Y es que cuando una persona te incluye, de corazón, en sus oraciones...

1. Te está dedicando minutos valiosos de su tiempo (y el tiempo no regresa).
2. Desea tu bienestar.
3. Está conectando con Dios y los Ángeles para pedir por ti.
4. Sus palabras suben al cielo y bajan en bendiciones.
5. Te está ofreciendo un cachito de su fe (invaluable).
6. Está mostrando su amor puro.

Así que, cuando alguien te diga: «Estoy rezando por ti», te está dando el mejor regalo que puedas recibir.

28 DE MARZO

Pide en tus oraciones por todas las personas del mundo

En mis momentos de oración me gusta incluir en mis peticiones y buenos deseos a todas las personas del mundo.

Te explico con algunos ejemplos:

Si estoy pidiendo por mi salud, digo: *Queridos Angelitos: les pido que recupere la salud y también todos aquellos que estén pasando por una enfermedad.*

Si agradezco: *Cariñosos Angelitos: gracias por todos los momentos felices que estoy viviendo y también llenen de felicidad a todos aquellos con corazones heridos.*

Si estoy pidiendo abundancia económica: *Amados Angelitos: ayúdenme a usar con sabiduría mis finanzas y que estas decisiones me permitan ser generoso con los demás.*

¡Hermoso!, ¿verdad? Eso es mirar por los demás, ¡compartir! Y eso es lo que busca el universo: una fe generosa y ondear la bandera del amor. El resultado: ABUNDANCIA.

El cielo derramará bendiciones sobre ti y las personas que incluiste en tus oraciones. Es alinearte con las enseñanzas de Dios.

29 DE MARZO

Dios tiene grandes planes para ti

¿Por qué todos los días sigues despertando? La ciencia te daría un listado de razones. Sin embargo, estoy segura de una razón gigantesca, que la ciencia no puede explicar, pero tu fe sí y ésa es porque Dios tiene maravillosos y hermosos planes para ti y te necesita para sus propósitos. Por eso, el hecho de despertar ya es un MILAGRO.

¡Qué hermoso mensaje! Reflexiónalo.

30 DE MARZO

Entre las nubes encontrarás la señal que buscas

Cuando le pidas una señal a los Ángeles, voltea al cielo y ahí, en las nubes puedes encontrar tu respuesta. Estos seres de luz, se comunican con nosotros de muchísimas formas y, una de mis favoritas, es a través de las nubes en forma de Ángel que aparecen inesperadamente y que, en ocasiones, sólo tú ves.

Esas nubes fueron creadas por los Ángeles para llamar tu atención y decirte:

«No estás solo, estamos junto a ti listos para escucharte,
guiarte y protegerte».
«Sí, vas por buen camino».
«Te amamos incondicionalmente».
«Persigue tus sueños».
«Confía en nosotros, estamos trabajando para ti».

31 DE MARZO

¡Adiós y gracias marzo! ¡Te sientes mejor y lo proyectas!

Y esto se debe a que comenzaste a alimentar tu alma. ¡Te diste grandes banquetes espirituales!

Si hay un equilibrio en tu interior, la vida te sabe mejor y lo proyectas. Hiciste equipo con los Maestros Ascendidos y los Ángeles de la Naturaleza y dejaste que su sabiduría fuera esa linterna que ilumina tu camino.

Hoy tienes tus objetivos más claros. Si bien aún te falta un gran trayecto que recorrer, tu actitud es positiva (ya no pasa por tu mente rendirte) y estás dispuesto a llegar a la meta disfrutando el proceso.

Voltea al cielo y repite: *Gracias por enseñarme a no resistirme al cambio... Hoy, esa evolución en mí, me llevó a un mejor lugar. Con los Ángeles en mi corazón, estoy listo para recibir al mes de Abril.*

Decreto: «¡Yo puedo!».

1 DE ABRIL

¡Bienvenido abril! Arropado por tus Ángeles de la Guarda

Este mes 4, es el anuncio de ¡cambios en tu vida! ¡vienen muchos! Pero inicias cobijado por cientos de seres celestiales que te guían y te protegen así que no tienes nada que temer.

El número 4, en el mundo de los Ángeles, tiene un significado muy especial: *«En el cielo ya escuchamos tus oraciones, sabemos el origen de tus necesidades y estamos ayudándote. Y esos cambios que estás experimentando son necesarios, así que acéptalos positivamente y sigue adelante con toda confianza».*

Por la energía que se mueve este mes, tu atención se centra en tu familia, lo que implica tomar de la mano a tu niño interior y utilizar su sabiduría para resolver asuntos que vienes arrastrando del pasado. El Arcángel Gabriel será tu maestro en este proceso.

2 DE ABRIL

A veces no es un nuevo camino lo que necesitas,
sino aprender a caminar diferente

Te has puesto a pensar que quizá lo que necesitas no es un nuevo camino en la vida, sino aprender a caminar diferente…

Date unos minutos para reflexionarlo: ¿Qué sensación te produjo? ¿Qué movió en tu interior? ¿Qué pensamiento llegó a tu mente?

Aprender una nueva forma de caminar significa cambios por supuesto. Deshacerte de lo que no te está funcionando dejando espacio para los nuevos recursos como actitud positiva, aplaudir los pequeños logros, ver oportunidades donde antes no las veías, ser flexible, incluir a tus Ángeles de la Guarda en tus decisiones, no rendirte frente a los obstáculos, al contrario, enfrentarlos con determinación, no detenerte ante las críticas, aprender de los errores…

¿Cuántos de estos recursos necesitas incrementar en tu nueva forma de caminar? A veces, sólo es cuestión de confiar en que estás dando pasos firmes hacia tus metas.

3 DE ABRIL

Aprender, desaprender y reaprender

Cuando eres niño, eres una esponja que absorbe muchos patrones y creencias, principalmente, de tus papás y maestros. Y así como muchas de esas creencias son positivas, hay otras que son limitantes, son como muros que no te permiten caminar libremente, por ejemplo: «llorar es de débiles, el dinero es sucio, no podrás porque eres mujer, ya eres demasiado grande para empezar de nuevo, qué van a decir los demás, si no te casas no serás feliz»…

Identifica cuáles son esas creencias y patrones y ¡déjalos ir! ¡Ojo!, este ejercicio no se trata de juzgar a tus papás o maestros, pues ellos hicieron su papel lo mejor que pudieron. Este ejercicio consiste en desaprender esos conceptos que no te suman y reaprender los nuevos significados, por ejemplo, dejarás ir la idea de que llorar es para débiles y reaprenderás que llorar es yoga para el alma.

4 DE ABRIL

¿Y si empiezas a desaprender lo siguiente?

- Que tienes que decir siempre que SÍ para complacer a los demás.
- Pedir perdón es fracasar.
- Calla lo que sientes, sacrificando tu voz para evitar «el qué dirán».
- No aplaudir tus logros por sentirlos insignificantes en comparación con otras personas que tienen «mejores».
- Ponerte en el último lugar de tu lista de prioridades justificando que al cabo «no pasa nada».
- Que si dices que NO serás tachado de una persona conflictiva o negativa.
- Sentirte culpable por divertirte.
- Solicitar ayuda es muestra de debilidad.
- Que hasta que no llegas a la meta serás feliz.
- Dejar que pasen por encima de tus límites con el fin de ser aceptado.

5 DE ABRIL

Mantén la actitud positiva ante la vida

He sido testigo de muchas personas que vivieron en familias «disfuncionales» y DECIDIERON crear familias amorosas.

He sido testigo de muchas personas que buscaron y buscaron trabajo y, al no encontrarlo, DECIDIERON formar su propia empresa y triunfar.

He sido testigo de muchas personas que sin recursos económicos, ni papás universitarios, DECIDIERON trabajar y estudiar al mismo tiempo y hoy, son exitosos profesionistas.

Y eso se llama ACTITUD POSITIVA ANTE LA VIDA.

No dejaron que su pasado los definiera, ni condicionara, sino que ELIJIERON LO QUE QUERÍAN SER y trabajaron arduamente para lograrlo. Tú, al igual que ellos, eres capaz de conseguir todo lo que te propongas y dejar de victimizarte.

6 DE ABRIL

Buenos días es igual a que el universo te premie, los Ángeles te arropen y Dios te bendiga

Hay frases que, si las expresamos desde el amor, son el mejor regalo que alguien puede dar o recibir por el movimiento energético positivo que generan. Por ejemplo: Desde chiquitos, nos enseñaron a decir «buenos días» para demostrar una buena educación. Sin embargo, expresar «buenos días» a alguien va más allá de un acto robotizado de buenos modales. Desear «buenos días», con una gran dosis de amor a una persona significa «quiero lo mejor para ti. Deseo que todo te salga maravillosamente bien. Que el universo te premie, los Ángeles te arropen y Dios te bendiga. Deseo que tu corazón lata a mil por hora de alegría».

¿Verdad que es un regalo invaluable? Ahora ya lo sabes… Cada vez que desees «buenos días, buenas noches, provecho…» detente unos segundos y ponle tus mejores intenciones.

7 DE ABRIL

¿De qué serías capaz para vivir por tus hijos?

Durante una de mis conferencias, una mamá muy orgullosa del inmenso amor que tiene por sus hijos expresó: «soy capaz de morir por mis hijos». Una frase que se ha vuelto muy popular y común escucharla en todas partes. Y entiendo lo que quiso decir esta amorosa mamá, sin embargo, con todo mi cariño, la cuestioné: «Ok. ¿Y de qué serías capaz para vivir por ellos? ¿Cambiarías tus hábitos? ¿Dejarías de consumir alimentos chatarras? ¿Cuidarías tu salud? ¿Te pondrías en primer lugar de la lista de tus prioridades? ¿Dejarías de victimizarte? ¿Soltarías rencores? ¿Aprenderías algo nuevo? ¿Harías ejercicio? Porque tus hijos no necesitan que mueras por ellos, te necesitan y quieren viva. Sí, viva, como una mamá saludable física, mental y emocionalmente de la mejor manera posible, pues esto les dará a tus hijos la libertad de poder desarrollarse».

¡Una gran reflexión! ¿verdad?

8 DE ABRIL

Con toda mi fe...

Amados Ángeles de la Abundancia: les pido, con toda mi fe en ustedes, que aquellos que necesiten empleo, ¡pronto lo consigan! ¡Ayúdenlos!

Milagroso Arcángel Rafael: te pido, con toda mi fe en ti, que aquellos que padezcan una enfermedad, ¡sanen inmediatamente! ¡Ayúdalos!

Poderoso Arcángel Miguel: te pido, con toda mi fe en ti, que aquellos que estén paralizados de miedo, ¡recuperen la paz! ¡Libéralos!

Queridos Ángeles de la Guarda: les pido, con toda mi fe en ustedes, que la persona que está leyendo estas líneas sea bendecida. ¡Consiéntanla!

9 DE ABRIL

Palabras de amor a tu niño interior

Toma una fotografía de cuando eras un niño y obsérvala con compasión. ¡Ese pequeñín eres tú! Y todavía vive en ti: ES TU NIÑO INTERIOR. Ese pequeño tenía sueños, reía a carcajadas, era amoroso, creaba historias felices, veía el mundo con inocencia… Y vuelvo a repetirte, con cariño, ¡todavía vive en ti! Hoy, es momento, de que vuelvas a entablar una relación y comunicación con él. ¡Hazlo sentirse cómodo en tu cuerpo! ¡Libéralo de miedos y heridas del pasado!

El Arcángel Gabriel te acompaña en este proceso. Mientras ves la fotografía con ojos de amor repite: *Mi niño interior, ¡aquí estoy para ti! Dios sabe que las palabras que voy a decirte están cargadas de amor: Perdóname por no ponerte atención y dejar que crecieran tus miedos. Perdóname por censurar tus risas e ignorar tus sueños. Tú eres mis cimientos, tú eres mis raíces… ¡Y te extraño! Tienes tanto que enseñarme y yo tanto que mostrarte. Tenemos tanto que aprender juntos. ¡Volvamos a caminar tomados de la mano! Prometo no volver a soltarte. Puedes volver a confiar en mí y sentirte seguro, yo te protegeré, y de la mano del Arcángel Gabriel, te liberaré de todos tus miedos y limitaciones aprendidas de nuestros padres. Te amo, te quiero, te respeto… ¡ME INSPIRAS!*

10 DE ABRIL

Conoce a tu niño interior

Ahora que has retomado una relación con tu niño interior y, aunque suene raro, tienes que conocerlo… Sí, antes de empezar a cuidarlo, tienes que ¡SABER DE ÉL! Es como cuando dejas de ver a un gran amigo por años, te lo reencuentras y se ponen al día. Y en qué consiste:

- Pídele ayuda a tu Arcángel Gabriel: *Tú que me viste llegar al mundo y me acompañaste durante mi infancia, guíame en este proceso para que mi conexión con mi niño interior sea exitosa.*
- Recurre a tu memoria y recuerda cómo eras de pequeño: cuáles eran tus sueños, tus ilusiones, qué te hacía reír, enojar, qué te provocaba miedo… Y muy importante cómo era tu entorno y la relación con tus padres. Incluso puedes tomar algunas notas.
- Pregúntale a tu niño interior: «¿Cómo te sientes?, ¿qué necesitas?, ¿qué te gustaría hacer conmigo? ¿Qué quieres que haga yo para que te sientas seguro?». Escribe las respuestas o sensaciones que recibas o experimentes.
- Ten paciencia con este proceso.
- En días posteriores, identifica ante qué situaciones o personas de tu presente reaparece tu niño interior. Eso puede darte mucha información de situaciones que aún hay que resolver de tu infancia.

11 DE ABRIL

Dile a tu niño interior todo eso que te hubiera gustado que le dijeran

Todas las infancias fueron diferentes y, todos los niños, de una u otra manera, en cierto grado, se quedaron con ganas de recibir (principalmente de los papás), comentarios, aplausos, consejos, felicitaciones, abrazos, frases de aliento… ¡que nunca llegaron!

Sin embargo, es momento de llenar esos vacíos y sanar esas heridas y tus palabras de amor son esa medicina que necesita tu niño interior. Así que, por las mañanas y durante 21 días, mírate en el espejo y dile a ese pequeñín que vive en ti, todas esas palabras de amor que nunca recibió.

Por ejemplo:

«Son normales los cambios que estás experimentado. ¡No temas crecer! ¡Podemos hacerlo juntos!»

«Confío en ti. ¡Lo estás haciendo muy bien!»

«Eres el mejor hijo del mundo».

«Ámate como eres y celebra tu personalidad».

«Estoy muy orgulloso de ti».

«Tus sueños son importantes y los respeto».

«Qué bonita eres».

«Eres muy talentosa».

«No te rindas. Tú lo puedes lograr».

«Te quiero… te amo».

«No te preocupes, juntos lo resolveremos».

«Puedes decirme lo que quieras, te escucharé con amor».

12 DE ABRIL

« Mi niño interior eres un pequeño muy amado »

Elige un lugar tranquilo de tu hogar, ponte cómodo y cierra los ojos por unos minutos. Concéntrate en tu respiración y deja que tu mente y corazón se tranquilicen. Ahora imagina que está frente a ti un bebé recién nacido… ¡Eres tú! Sí, ¡eres tú! Lo tomas entre tus brazos y lo arrullas. Y mientras lo observas, con ojos de ternura, le cantas una canción de cuna. El bebé está muy tranquilo entre tus brazos y es, justo en ese momento, que le expresas el inmenso amor que sientes por él:

> «Eres un bebé muy deseado y amado… Eres el fruto del amor puro de Dios… Estás aquí para ser feliz y contagiar con tu luz… Vienes a sumar alegría a este hogar, a esta familia y nuestros corazones están cargados de amor para ti. Te protegeré, te guiaré, te cuidaré, te inspiraré, te educaré y crearé un ambiente de armonía para ti».

Ahora, imagina cómo una luz blanca envuelve al pequeño, esa luz es del Arcángel Gabriel quien viene a sellar tus buenos deseos. Y es que ese amor puede curar los episodios más dolorosos de la vida.

13 DE ABRIL

Que no te de pena decir:

- Perdón, lo siento…
- Mi respuesta es No.
- Me equivoqué.
- Gracias por esperarme.
- ¿Me puedes ayudar? ¡Lo necesito!
- Abrázame, tengo ganas de llorar.
- Lo aprendí de ti, gracias por enseñarme.
- Lo admito, tenías razón.
- Te quiero.
- Te admiro.

14 DE ABRIL

Carta a tu yo del pasado

Muchos te llamaron soñador, de forma despectiva…

Muchos te dijeron que no lo lograrías…

Muchos intentaron callar tu voz…

¡Y mira hasta dónde has llegado!

Gracias por no rendirte, por las veces que te caíste y te levantaste, por las lecciones aprendidas, por los momentos de miedo y, aun así, te atreviste; por las noches en vela, por experimentar el dolor, por vivir en soledad donde aprendiste más de ti, por las lágrimas derramadas, por ATREVERTE sin miedo al qué dirán…

Perdóname por las veces que te juzgué, te culpé, te señalé, te minimicé, te traté mal… Hoy, sé y valoro, que hiciste lo mejor que pudiste con lo que tuviste…

Aplausos, 1000 aplausos para ti. Hoy te extiendo la mano con todo mi corazón y te repito: ¡GRACIAS!, porque hoy soy lo que soy, GRACIAS a ti, a tus cimientos y a tu historia. Me siento tan orgulloso de ti.

15 DE ABRIL

Prohibido comparar tu vida con la de los demás

«¿Por qué a fulanito de tal le va mejor que a mí? ¿Por qué mi hermano tiene mejor coche que yo? ¿Por qué ella se casó antes que yo? ¿Por qué tal persona tiene mejor suerte que yo? ¿Por qué tiene más amigos que yo? ¿Por qué su casa es más bonita que la mía? ¿Por qué él tiene más dinero que yo?», son algunas de las quejas de mis pacientes.

Un error constante es COMPARAR tu vida con las de los demás, hoy es más común por las redes sociales. ¿Por qué es un error? Porque te limita, porque le estás diciendo a la vida que no eres agradecido, porque bloquea tu energía, porque vibras bajo, porque dejas de ser tú para vivir la vida de alguien más, porque eres prisionero de tu ego... Y porque, tarde o temprano, te llevará a la frustración. Recuerda, que tú eres único e invaluable, tú tienes tus tiempos, tú tienes tus oportunidades... TÚ TIENES UN BRILLO MUY ESPECIAL.

Al respecto, quiero compartir contigo esta frase que utilizo como ejemplo en mis conferencias: «Recuerda que no hay comparación entre la luna y el sol... Cada uno brilla cuando llega su momento».

16 DE ABRIL

Cuando te descubras comparando tu vida con la de otros, haz lo siguiente

Cuando te des cuenta que pasa por tu mente: «¿Por qué él o ella y no yo?», recurre a estos 3 Arcángeles y pídeles ayuda.

Valiente Arcángel Miguel: con tu poderosa espada y tu luz azul brillante corta mis pensamientos tóxicos que sólo empañan mi realidad. ¡Desintégralos!.

Cariñoso Arcángel Jofiel: embellece mis pensamientos. Regrésame a mi centro y recuérdame el valor de mis sueños. Confío en los planes que Dios tiene para mí.

Querido Arcángel Rafael: sana cualquier herida que me haya dejado el renunciar a mí por compararme y desear la vida de alguien más. Elimina envidias, celos, culpas…

17 DE ABRIL

¡Siéntete orgulloso de tu luz!

Sólo pase por aquí para decirte:

«Cada quien brilla a su manera y, ese brillo, te hace único. Siéntete orgulloso de tu luz, pues, quizá, sin darte cuenta, esté inspirando a alguien más».

18 DE ABRIL

También es medicina...

El amor...
Hacer ejercicio...
Llorar...
Tomar agua natural...
Reír a carcajadas...
Perdonar...
Meditar...
Orar...
Un abrazo cariñoso...
Dormir en paz...
Agradecer...
Comer sanamente...
Sentir los rayos del sol...
Bailar bajo la lluvia...

Me gusta llamarlos remedios celestiales, pues, aunque no los venden en la farmacia, curan y alimentan el alma.

19 DE ABRIL

No fue cuestión de suerte, fue consecuencia del arduo trabajo

Cuando alguien es exitoso o llega a sus objetivos, muchas personas, desde el ego, aseguran: «fue cuestión de suerte». Por otro lado, sólo las personas seguras de sí mismas y, que van ondeando la bandera del amor, aplaudirán el éxito de otros. Estas últimas personas saben que, detrás de ese éxito, hay un trabajo arduo.

Que no te rendiste. Que cuando intentaste tirar la toalla, te reinventaste y lo intentaste hasta lograrlo. Que cuando te cerraron una puerta, tocaste otras. Que disfrutaste cada pequeño logro en el camino. Que cuando tuviste miedo, te miraste al espejo y te dijiste: «¡tú puedes!». Qué hiciste equipo con tu fe. Que no te dormiste en tus laureles, al contrario, saliste a comerte el mundo.

20 DE ABRIL

10 poderosas afirmaciones amorosas sobre la familia

1. Amo a mi familia y respeto y admiro a cada uno de los integrantes.
2. Mi familia y yo somos un equipo y apoyamos los talentos de cada uno.
3. ¡Aplaudimos los éxitos!
4. En mi hogar se respira el poder de Dios como una fuente de energía.
5. El motor de mi familia es el amor.
6. Suelto cualquier herida emocional del pasado y me reinvento.
7. Desaprendo las creencias limitantes adquiridas en el núcleo familiar.
8. Agradezco poder ser yo.
9. Agradezco y disfruto formar parte de esta familia.
10. Los Ángeles y los Arcángeles son vitaminas espirituales en mi hogar.

21 DE ABRIL

Tú Ángel de la Guarda te dice:

«Cariño mío, te envuelvo entre mis alas, siente mi protección...
¡Tranquilo! Sé de tu preocupación por el futuro... Sé que sientes que
no avanzas, que estás estancado, pero escúchame: el hecho de que
no estés donde, a tu mente y corazón, les gustaría estar en estos
momentos de tu vida, no quiere decir que no lo estarás muy pronto.
Confía en mí, tu Ángel de la Guarda, confía en los procesos, confía
en las lecciones aprendidas y por aprender... ¡Saborea lo que has
logrado hasta ahora!».

22 DE ABRIL

Te sientes libre cuando...

Aceptas que no hay nada de malo en tomar un descanso sin ser productivo. ¡Es necesario!

Dejas de buscar y buscar la aprobación de los demás y entiendes que no tienes que ir por la vida convenciendo a todo el mundo.

Apuestas por tus metas y eres responsable de tus decisiones.

Entiendes que el sueldo que recibes o el dinero que tienes en el banco no define tu valor como persona.

Entregas tu vida en manos de los Ángeles.

Cuestionas tus creencias y normas sociales limitantes y las eliminas de tu vida.

Te atreves a ser tú.

Ves a través de los ojos de los Ángeles.

Te enfocas en el presente.

23 DE ABRIL

La vida no tiene prisa

Es verdad, la vida no tiene prisa... ¡eres tú el que corre! Eres tú el que lleva prisa. El que quiere que ocurra todo rápido y, por lo tanto, siempre andas a las carreras, medio haciendo las cosas, medio disfrutando los momentos... Ay qué cansancio, qué estrés... ¡Los tiempos son perfectos! ¡La vida ya sabe lo que te corresponde! ¡Toma un respiro! ¡Reflexiónalo!

Te propongo algo: y si a partir de hoy, te enfocas en lo que SÍ eres, tienes y has logrado. ¡Inténtalo!

24 DE ABRIL

Vale la pena esperar

¡Sí y 1000 veces sí! Y es que en lugar de conformarte con algo «que no está mal», tus Ángeles del a Guarda te prometen: *«Te sorprenderemos y recibirás algo mejor de lo que esperabas. Tu paciencia y tu dedicación serán recompensados».*

Cuando depositas toda tu fe en la guía de los Ángeles sabes que ellos pondrán frente a ti eso que tanto necesitas y ¡EN GRANDE! En ese tiempo de espera, en realidad, te están preparando o enseñando, para estar listo y recibir los regalos celestiales.

25 DE ABRIL

Soy yo...

SOY YO mi mejor amigo.

SOY YO uno con la presencia de Dios.

SOY YO un ser lleno de amor y lo expreso.

SOY YO alegría y la comparto.

SOY YO el centro de mi universo.

SOY YO merecedor de abundancia.

SOY YO energía creativa.

SOY YO feliz.

26 DE ABRIL

Convive con tus amigos

Los amigos son la familia que nosotros elegimos. Incluso, muchas veces, los vemos más que a nuestros familiares de sangre.

Si te has distanciado de algún amigo, esta es la señal para que lo busques y se reencuentren.

Si te sientes solo en este mundo, recuerda que no lo estás, tus Ángeles son también tus amigos, incluso, les puedes pedir que acerquen a ti a nuevos amigos terrenales que sumen a tu vida.

Si tienes la fortuna de tener un grupo de amigos, convive con ellos o háblales o mándales un mensajito y diles lo mucho que los quieres.

La energía que se genera cuando convives con amigos es medicinal, es una especie de píldora anti-estrés. Además, las relaciones con amistades son un reflejo de nuestra autoestima. Nos permiten mirar en nuestro interior y detectar aquello en lo que tenemos que trabajar. Aprendemos de ellos y aprendemos a conocernos.

27 DE ABRIL

Aprende a trabajar en equipo

El éxito de un proyecto es la unión de talentos. ¡El trabajo en equipo! Lo que implica confiar en las habilidades de los demás, soltar el control y aprender a delegar. Pedir ayuda y aceptar la ayuda de los demás. Agradecer.

Y es que trabajar en equipo va más allá de cumplir un objetivo, también es compartir enseñanzas, talentos y diversión. Y es que, en la vida, para resolver algunos problemas, se necesita hacer equipo.

Y este mensaje, no sólo aplica para el área de trabajo, sino también para la familia, incluso, podrías unirte a un equipo deportivo o a un grupo de lectura.

Al trabajar en equipo muchas áreas de tu vida se mantienen activas: creatividad, planeación de estrategias, paciencia, disciplina, confianza y desarrollo social (nuevas amistades).

28 DE ABRIL

Diviértete como cuando eras un niño

Toma una hoja en blanco y escribe una lista con todo lo que te gustaba hacer cuando eras un niño: juegos, actividades, comidas... Y proponte hacer, por lo menos, 3 de esas cosas.

Estas son algunas sugerencias que te podrían funcionar: una tarde de juegos de mesa, disfrutar un helado, ver tu película favorita de la niñez, comer sopa de letras y formar palabras, ver algún episodio de tu caricatura favorita, cantar canciones infantiles, mecerte en un columpio, ir al parque, jugar con canicas, colorear... ¡Déjate asombrar!

Tip: no tienes que hacer todas las actividades el día de hoy, pero sí ponte un plazo para llevarlas a cabo. Por ejemplo, leer tu libro favorito de la infancia en los próximos 15 días.

29 DE ABRIL

Buenos deseos para todos los niños del mundo

Amado Arcángel Gabriel:

Te pido que la luz de todos los niños del mundo atraiga a ellos personas positivas a sus vidas con las que compartan sonrisas, juegos y aprendizajes.

Te pido que llenes de momentos felices a todos los niños.

Mantén abierto el canal de comunicación de todos los niños con sus Ángeles de la Guarda.

Sé su maestro espiritual. Y a su vez, que todos los niños del mundo compartan su sabiduría celestial.

Nunca permitas que falten alimentos en las mesas de los hogares de todos los niños del mundo.

Cuida el sueño de todos los niños.

Te pido que todos los niños vivan con una sonrisa en sus rostros.

Enséñales a vivir en amor para que sea éste el motor de un mundo mejor.

Te pido que las únicas lágrimas que derramen sean de felicidad.

El mundo necesita niños sanos y, tú puedes ayudarlos a mantenerse así y, a aquellos que padezcan alguna enfermedad, sanarlos.

Ayúdalos a descubrir sus talentos y que tengan confianza en sí mismos.

Guía a los padres de todos los niños del mundo para que reciban la mejor educación y formen niños felices.

Tú puedes agregar más deseos para todos los niños del mundo. Si tienes hijos, ellos ya están incluidos en cada petición.

30 DE ABRIL

Gracias y adiós abril... ¡aprendiste mucho de ti!

Pero muuucho... Abriste tu cofre interno y volvió a brillar uno de los tesoros más valiosos que vive en ti: ¡tu niño interior! Incluso, ¡te reconciliaste con él!

Si bien sigues trabajando en liberar a tu niño interior de creencias limitantes y miedos, hoy ese niño se siente más seguro dentro de ti.

Abril te enseñó una lección en 3 pasos: «¡Aprender, desaprender y reaprender!».

Estas son tus promesas:

1. Prometo elegirme a mí y siempre a mí.
2. Prometo hablarme con palabras de amor.
3. Prometo jamás volver a compararme.
4. Prometo ser mi mejor amigo.
5. Prometo confiar en mis talentos.
6. Prometo cuidar mi salud física y mental.
7. Prometo dejar de juzgarme.

Decreto: «Estoy abierto a aprender cosas nuevas».

1 DE MAYO

Bienvenido mayo... ¡con aroma a libertad!

Y es que mayo viene de la mano del Arcángel Zadquiel con la promesa: «*te ayudaré a liberar rencores y sentimientos tóxicos a través del perdón: ¡te quiero libre!*».

Y al vivir más ligero, tu personalidad será un deleite. Aunado a esto, mayo, mes 5, el número del éxito en el mundo de los Ángeles, será esplendido.

Oportunidades, cambios, procesos en crecimiento y nuevas bendiciones. Tu objetivo es enfocarte en lo positivo de cada cambio, explotar tus nuevas ideas. Es momento de tomar decisiones con responsabilidad para dar pasos grandes que te acercarán a tu meta. Crecimiento en todas las áreas de tu vida.

MAYO llega amoroso.

MAYO llega saludable.

MAYO llega lleno de fe.

MAYO llega cantando.

MAYO llega abundante.

MAYO llega alegre.

MAYO llega cumpliendo sueños.

¡MAYO SERÁ UN REFLEJO DE TU INTERIOR!

2 DE MAYO

Tus Ángeles son testigos de tus esfuerzos por ser mejor que ayer

En el camino fuiste «perdiendo» (aunque me gusta llamarlo abandonando), consciente o inconscientemente, cosas, virtudes, alimentos del alma... por llamarlos de alguna forma, importantes en tu vida, como por ejemplo, amor propio, confianza, fe, dinero, salud, amigos, autoestima, oportunidades, condición física...

Sin embargo, si deseas recuperar algunos de estos que creías perdidos, ¡puedes hacerlo! Y los Ángeles, amorosamente, te ayudarán si se lo pides.

«Estamos listos para regresártelos y nutrirlos... Estamos felices por tu llamado a ayudarte y formar parte de esta nueva oportunidad de hacer las cosas juntos. Si están de regreso a ti estos alimentos para tu interior es porque tienen una misión en tu vida. ¡Aprovéchalos! ¡Disfrútalos! Somos testigos de tus buenas intenciones y tu esfuerzo por ser mejor que ayer».

3 DE MAYO

Siéntete merecedor de amor celestial

Dios, los Ángeles, la vida y el universo TE AMAN y, lo escribo con mayúsculas, porque su amor es inmenso e incondicional.

«Te aman», una frase tan corta, pero tan poderosa y GRANDE.

Un te aman sin condiciones, sin pedirte explicaciones, sin ¿por qué?

Y ese amor tan puro, ¡lo mereces!

Cuando te sabes amado por el cielo, hablas y actúas desde el amor.

4 DE MAYO

Cuando hablas y actuas desde el amor

- Hablas bien de otros.
- Aplaudes el éxito de los demás.
- Tus palabras suman.
- Tus intervenciones son justas.
- Ves el amor que habita en cada persona.
- Das sin esperar nada.

¿Y sabes por qué? Porque te sabes amado por el cielo... porque sabes el lugar que ocupas en este universo, porque te reconoces único y respetas la individualidad, porque ves a través de los ojos de Dios, porque sabes que hablar bien de los demás no sólo beneficia a esas personas, también es un alimento para ti, es una fuente de energía positiva.

5 DE MAYO

*En el mundo hay suficiente para cubrir tus
necesidades y de manera satisfactoria*

Durante una sesión, una paciente muy preocupada me dijo: «siento que le pido demasiadas cosas a los Ángeles y, muchas de esas, materiales... terminarán cansándose de mí... pensarán que soy superficial».

La tomé de la mano y le contesté: «Tranquila, primero, los Ángeles no te juzgan ¡NUNCA! Segundo, jamás se cansarán de ayudarte. Tercero, estos seres de luz no clasifican las peticiones en materialistas, espirituales o amorosas, ni en problemas chicos o grandes, ellos son felices ayudándote. Ahora bien, tus Ángeles quieren que les entregues estos miedos sobre tu prosperidad material y quieren decirte que allá afuera, sí, en el mundo, hay suficiente riqueza para ti y todas las personas. ¡El universo es ilimitado! Siéntete merecedora de la abundancia y de los regalos celestiales... ¡Elimina las quejas de tus pensamientos!».

6 DE MAYO

Y si hoy sales al mundo y regalas

Sonrisas a las personas que se cruzan en tu camino.

Palabras de amor a tus seres queridos.

Una oración por las personas más necesitadas.

Flores a tus Ángeles de la Guarda.

O te regalas momentos de diversión.

Abrazos a tus compañeros de trabajo.

Víveres a una casa hogar.

Momentos de calidad a una causa altruista.

Halagos a quien se esfuerza.

Un paseo a tus hijos.

Cuando regalas de corazón es un acto puro de amor. La energía de la Abundancia se eleva. Se desbloquea el flujo de dar y recibir. Le estás diciendo al universo, a la vida… que eres merecedor de recibir regalos celestiales. Y allá arriba, sí en el cielo, te darán sorpresas agradables.

7 DE MAYO

Tu mamá es tu Ángel Terrenal

Por si no lo sabías, tu mamá, ese ser hermoso que te dio la vida, es tu ÁNGEL TERRENAL.

Dios la eligió para cuidarte, amarte, educarte, inspirarte, consentirte, divertirte, aplaudir tus logros, limpiarte las lágrimas, consolarte…

¡La mirada de tu mamá es un reflejo del cielo en la tierra! ¡Su energía es una fuente de amor puro!

Te pregunto: «¿cómo es tu relación con ella?». ¡Sé honesto con tu respuesta! Y es que mantener una relación sana con tu mamá es tu pase directo a la abundancia en todas las áreas de tu vida. Tu amor y su amor se unen creando una energía invencible. Es por eso que, cuando una mamá reza para ti, en tu beneficio, es una «explosión» de bendiciones. Sus afirmaciones e intenciones son poderosísimas pues están cargadas de amor incondicional.

8 DE MAYO

« ¡Perdóname mamá! »

Si tu relación con tu mamá, tu Ángel Terrenal, no atraviesa por buen momento o, si ya está en el cielo, y no alcanzaron a resolver ciertas diferencias, pídele perdón con ayuda de tus Ángeles de la Guarda y el Arcángel Zadquiel, el Arcángel del perdón. Incluso, también puedes perdonarla por aquellas actitudes de parte de ella que te causaron dolor, pues la intención es soltar ese sentimiento tóxico.

Aquí te dejo un ejemplo que puede ayudarte:

Mis queridos Ángeles de la Guarda, en especial tú, amado Arcángel Zadquiel, pido su ayuda para que mis palabras de arrepentimiento lleguen a la mente y al corazón de mi madre. Mami te pido perdón (y mencionas la situación). Además, perdóname por juzgarte, por faltarte, por herirte, me dejé llevar por el ego alejándome de todas tus enseñanzas espirituales. También me libero de esas emociones y sentimientos negativos generados por esta situación. Mami te amo, te respeto, te admiro… en tu rostro veo el amor inmenso de Dios.

Estas palabras puedes decirlas frente a tu mamá o incluirlas en tus oraciones antes de dormir.

9 DE MAYO

Oración de protección a mamá

Cariñosos Ángeles de la Guarda y 7 Arcángeles: les pido que siempre acompañen a mi mamá, envuélvanla con su luz para que sus días, sus meses, sus años estén llenos de bendiciones. Susúrrenle consejos, abríguenla entre sus alas, aliméntenla con su energía, señálenle el camino correcto que sumará a su felicidad, protejan sus sueños… Háganla entender que, además de ser la mejor mamá del mundo, es también mujer, profesionista y un ser amoroso. Su tranquilidad y bienestar son mi paz.

Por eso te pido:

Arcángel Miguel, protégela de cualquier peligro.

Arcángel Chamuel, alimenta su amor.

Arcángel Uriel, cuida sus finanzas.

Arcángel Jofiel, embellece sus pensamientos.

Arcángel Zadquiel, sé el puente de comunicación con lo celestial.

Arcángel Rafael, mejora su salud.

Arcángel Gabriel, guíala para que sus enseñanzas sigan basándose en el amor.

En ustedes confío.

10 DE MAYO

Regala salud, amor y abundancia a tu mamá

Si tu mamá necesita SALUD, repite lo siguiente:

Arcángel Rafael:

Te pido, con todo mi cariño, que guíes a mi mamá (mencionas su nombre) para que encuentre, dentro de ella, ese gran amor y así pueda regresar a su estado natural: ¡estar saludable! Amén.

Si tu mamá necesita AMOR, repite lo siguiente:

Arcángel Chamuel:

Te pido tu guía para que mi mamá (mencionas su nombre) alimente el amor que le hace falta y que sienta el amor que le tengo. Amén.

Si tu mamá necesita ECONOMÍA, repite lo siguiente:

Ángeles de la Abundancia:

Les pido su guía para que tomen la mano de mi mamá (mencionas su nombre) y disfrute cada peso que recibe en sus manos y se le triplique. Amén.

11 DE MAYO

Hoy envío un ejército extra de Angelitos a:

- A todas las mamás que padecen un problema de salud. ¡Qué las guíen a los doctores y tratamientos que necesitan!
- A quienes quieren convertirse en mamás. ¡Qué las guíen para que ese hermoso sueño se haga realidad!
- A las personas que vieron volar a sus mamás al cielo. ¡Qué encuentren paz en sus corazones!
- A las personas que no se hablan con sus mamás. ¡Qué los ayuden a reconciliarse con estos bellos Ángeles terrenales!
- A las mamás felices. ¡Qué las sigan llenando de grandes dosis de amor propio!
- A quienes nunca conocieron a su mamá. ¡Qué los abracen con calor maternal!
- A las mamás que han perdido a un hijo. ¡Qué limpien sus lágrimas, sanen sus corazones y las enseñen a vivir con esa ausencia!
- A las mamás que han sacado adelante a sus familias. ¡Qué aplaudan sus esfuerzos y las llenen de bendiciones!

12 DE MAYO

Cuando la vida te dice «no», es porque hay algo mejor para ti

Déjame adivinar: «Cuando se te cierra una puerta, ¡es una sensación do-lo-ro-sa!, sientes que el mundo se te viene encima, te genera miedo, incertidumbre, inseguridades, ansiedad y estrés...» ¡le atiné!, ¿verdad?

Y la realidad es que no deberías sentirte así. Se apodera de ti todo eso porque tus niveles de energía, de confianza en ti mismo, amor propio y autoestima están muy bajos. ¡Tu ego te está auto saboteando! Por eso, es importante que sepas que cuando la vida te dice NO a un trabajo, una relación, un camino, un negocio... es porque la vida tiene algo mejor para ti.

Incluso esa respuesta NO, también puede significar ESPERA. Cuando una puerta se te cierra, se abren otras 3 más, llenas de mejores opciones. Sólo que en ese momento no lo ves.

Es cuando tu corazón y mente regresan a la calma, que puedes ver los escenarios desde otra perspectiva. Las oportunidades y los cambios no se dan con una varita mágica, también tienes que salir a provocarlos.

13 DE MAYO

¡Saborea la felicidad que vive en ti!

Es curioso, pero varias pacientes han llegado a mí sintiéndose culpables por ser felices: «no me lo merezco, no me lo creo o presiento que esto es porque algo malo me va a llegar». Y termino diciéndoles: «¡Sí mereces ser feliz!, ¡la felicidad vive en ti!, ¡nada malo te va a pasar!, ¡disfruta! y ¡saborea la felicidad!».

Naciste siendo feliz, es parte de tu estado natural, pero en el camino le fuiste poniendo barreras. Cuando estás alegre, tu verdadera personalidad florece y los filtros se van, pues te relajas y los pensamientos negativos se evaporan.

Cuando eres feliz conectas con lo divino y tu luz nutre tu alma. Cuando eres feliz, tu alegría destruye barreras y esa alegría contagia a las personas que están cerca de ti.

Por eso, la insistencia de que te rodees de personas FELICES.

14 DE MAYO

Respeta la individualidad

El origen de muchos problemas en tu vida es por qué esperas que las demás personas actúen como tú lo harías, incluso, hasta se los echas en cara: «¡Yo lo hubiera hecho así y creí que así lo harías!». Y esperar que las personas resuelvan con tu misma madurez, valores o experiencias, sólo te llevará a una decepción y frustración enorme. Incluso, puedes llorar de coraje.

Tienes que entender que todas las personas son diferentes, se equivocan y actúan de acuerdo a su historia. Lo que para ti es importante quizá para la otra no. Así que disminuye tus expectativas del otro y deja de crear ídolos de barro.

Eso se llama respetar la individualidad. Además, ya hemos hablado de que tu felicidad no depende de las acciones de los demás. Mucho menos ¡culparlos!

15 DE MAYO

Tu hogar es tu santuario

Amados Ángeles de la Guarda, poseedores de una luz sanadora, los invito a mi hogar. ¡Son bienvenidos! Con su luz blanca recorran cada rincón llevando «calor de hogar». Protejan la puerta principal y permitan que sólo entren energías positivas... Guíen la cocina para que se produzcan alimentos saludables... Generen un ambiente de paz en las recamarás para que mi cuerpo y mente se recuperen a través de un descanso exitoso... Llenen el baño de tanta luz que, al bañarme, el agua elimine las energías que mi cuerpo no necesita... Angelitos, por favor, que en mi casa se respire amor, armonía, bienestar y abundancia. Mi hogar es mi santuario y el lugar donde reconecto conmigo mismo.

16 DE MAYO

Realiza un «détox» de tu hogar

Va más allá de hacer una simple limpieza. Significa sacar lo que ya no sirve para dejar espacio a lo nuevo y que entre lo que necesitas. Recuerda que tu hogar es un reflejo de ti. Por ejemplo: un clóset saturado de prendas y en desorden, sólo es el reflejo de una mente saturada y eso influye a que no pienses con claridad y tu vida parezca atascada. Y esto también incluye escritorios llenos de papeles en desorden, refrigeradores a punto de explotar con alimentos caducos, libreros llenos de polvo, artículos decorativos rotos...

¿Te identificas con algunos de estos ejemplos? Entonces necesitas hacer un détox de tu hogar. Comienza haciendo esta limpieza por algún rincón y mientras lo haces repite: «suelto lo viejo y abro mi hogar a nuevas aventuras». También puedes repetir: «así como ordeno mi hogar, ordeno mis pensamientos».

17 DE MAYO

Antes de comer, bendice tus alimentos

Una tradición, por llamarlo de alguna manera, muy positiva es agradecer las comidas. ¡Llénalas de energía y afirmaciones de amor!, para que estos alimentos tengan efectos positivos en tu cuerpo.

Dios mío agradezco los alimentos que has puesto en mi mesa y te pido, con todo mi corazón, que no falte comida en ningún hogar del mundo. No permitas que las personas mueran de hambre, ni de frío.

Dios mío bendice estos alimentos que mi familia y yo recibimos de tu enorme generosidad, trayendo unión, paz y armonía a nuestra mesa.

Querido Arcángel Rafael: te pido que estos alimentos que entrarán a mi cuerpo estén llenos de vitaminas y energía que necesito para realizar mis actividades exitosamente.

Amado Arcángel Rafael: que estos alimentos sólo tengan como objetivo mantener mi salud y la de mis seres queridos.

18 DE MAYO

El primer nombre del Arcángel que encuentres
es el que te acompaña en estos momentos.

Pon tus manos en el corazón y repite: *Abro mi vida al Arcángel con quien tengo que trabajar en estos momentos, pues viene a darme grandes enseñanzas.*

Y descubre el nombre del Arcángel.

Ojo: es el primer nombre que encuentres.

Z	Q	K	O	P	Ñ	L	H	G	O	P	T	Q	U	O	L	U	T	F	G	H	L	Ñ	P	U	R	I	E	L	H
A	J	L	M	N	C	X	Z	D	G	K	L	I	H	L	M	N	G	Y	R	T	U	K	L	R	E	L	Ñ	U	J
D	G	H	Y	T	R	K	L	Y	M	I	G	U	E	L	U	T	H	Y	O	P	P	R	F	D	C	X	Z	C	V
Q	M	I	G	H	T	G	F	R	D	H	M	N	O	L	P	T	Y	N	M	J	G	U	Y	T	R	E	W	G	G
U	T	R	Q	W	T	M	B	Y	L	P	Ñ	M	B	C	X	Z	R	F	U	L	U	R	E	L	T	L	K	I	A
I	E	L	M	N	H	Y	L	U	T	L	M	P	L	I	T	N	M	L	T	R	F	D	K	L	O	P	Y	T	B
E	L	Ñ	M	P	O	U	M	N	B	L	H	G	Y	L	C	H	A	M	U	E	L	I	L	J	H	G	M	I	R
L	U	J	L	Ñ	P	O	U	Y	T	D	F	G	J	K	L	M	N	B	V	C	T	G	F	D	T	Y	H	G	I
L	A	F	L	E	L	M	N	H	U	L	N	Y	L	P	Ñ	T	G	H	J	L	M	P	J	G	Y	H	N	I	E
R	A	F	A	E	L	M	L	J	Y	H	N	U	L	P	O	G	J	O	F	I	E	L	I	M	M	P	L	N	L

LOS ARCÁNGELES Y SUS ESPECIALIDADES:

El Arcángel Miguel: Protección.

El Arcángel Rafael: Salud.

El Arcángel Gabriel: Educación de los hijos.

El Arcángel Jofiel: Belleza.

El Arcángel Chamuel: Amor.

El Arcángel Zadquiel: Perdón.

El Arcángel Uriel: Abundancia.

19 DE MAYO

Ríe a carcajadas

Sabías que reír tiene poderes curativos. Te ha pasado que ríes tanto que hasta el estómago te «duele» y después de ese «ataque» —de forma positiva— de risa te sientes relajado.

Sí, reír es un remedio natural contra el estrés. ¡Reír es liberador! ¡Reír desintoxica tus emociones! ¡Reír es vitamina para tus pensamientos! ¡Reír eleva tu energía! Por eso la importancia de rodearnos de personas alegres y felices. Porque incluso escuchar reír a alguien tiene efectos sanadores en los demás. De ahí la frase: «las risas son contagiosas».

Tu tarea para hoy, y siempre, es buscar motivos para reírte.

20 DE MAYO

Oración para la paciencia

Divino Arcángel Uriel: te pido que tu luz roja brillante recorra todo mi cuerpo calmando mi mente y mi corazón y llenando cada una de mis células de paciencia. Envíame tu ejército de Ángeles de la Piedad para limpiar de mi ser toda ansiedad y para limpiar de mi ser todo tipo de desesperación con el único fin de vivir en amor y ver con ojos de amor todo lo que me rodea. Tómame de la mano en este proceso y envíame señales claras de que voy caminando correctamente hacia un estado de paz. Soy paciente con las personas. Soy paciente con las situaciones. Tengo motivos para estar en paz.

Amén.

21 DE MAYO

¿Qué le dirías a Dios si lo tuvieras de frente?

Escríbelo en las líneas…

_____

_____

_____

_____

_____

_____

_____

_____

_____

_____

Tip: Si es la segunda o tercera vez que realizarás este ejercicio puedes utilizar una hoja en blanco y guardarla entre las páginas de este libro.

22 DE MAYO

Encontrarte una pluma, de la nada, significa que los Ángeles quieren que sepas que están junto a ti, escuchándote, protegiéndote y guiándote.

Un día como hoy, saliendo de un programa de TV donde participo con mi mundo de Ángeles, me encontré con una persona muy querida que trabaja en esa televisora. Ella, me platicó que, desde hace un tiempo, está intentando quedar embarazada. Yo, con todo mi cariño, le dije: «deberías ir con mi doctor, él me ayudó a quedar embarazada de mis hermosos cuates». Inesperadamente, los ojos de mi amiga se llenaron de lágrimas y me confesó: «Gaby, no lo vas a creer, justo, hoy en la mañana, mi pareja y yo, habíamos decidido cambiar de doctor. Le pedí, con todo mi corazón a mis Ángeles y al Arcángel Rafael que me guiarán con el mejor especialista… y hoy estás aquí frente a mí, recomendándome a tu doctor. Estoy inmensamente feliz. Los Ángeles me escucharon… están enviando la respuesta». La abracé y le dije: «eres muy querida por los Ángeles y harán que tu sueño se haga realidad… Sigue confiando en ellos». Y como de película, de la nada, cayó una pluma del cielo. Le dije: «Tus Ángeles quieren que sepas que están aquí junto a ti, que te están escuchando y QUÉ VAS POR BUEN CAMINO. Ten la certeza que tu milagro llegará. Atesora esta pluma y guárdala en un lugar muy especial de tu casa».

Así como mi querida amiga recibió la señal que estaba esperando, tú también puedes vivir esas hermosas experiencias. Cuando te encuentres una pluma de la nada, no trates de buscar una explicación científica de cómo llegó hasta ahí, mejor voltea al cielo y agradece esta hermosa manifestación de los Ángeles.

23 DE MAYO

A los Ángeles les gusta enviar sus mensajes a través de las plumas

Los Ángeles nos envían mensajes constantemente y, una de sus formas preferidas, es a través de las plumas. Si te encuentras, de la nada, una pluma blanca, esto es lo que los Ángeles quieren decirte:

- *«No estás solo, estamos junto a ti siempre».*
- *«Ya escuchamos tus oraciones y estamos trabajando en tus peticiones».*
- *«Todo estará bien».*
- *«Esta es la señal que estabas esperando del cielo».*
- *«Una bendición viene en camino».*
- *«Te amamos inmensamente».*
- *«Eres nuestra persona favorita».*

Este es el significado de otros colores de plumas:

PLUMA AMARILLA: Por supuesto que SÍ va a suceder. ¡Paciencia!»

PLUMA ROJA: El AMOR gira alrededor de tu vida.

PLUMA AZUL: Estás SANO.

PLUMA NEGRA: Alimenta tu alma. También se vale decir que NO.

PLUMA CAFÉ: Trabajo, abundancia y prosperidad.

PLUMA GRIS: Reflexiona antes de tomar una decisión. Tómate tu tiempo.

PLUMA BLANCA Y NEGRA: Vienen cambios en tu vida.

24 DE MAYO

Es tiempo de hablar del Arcángel Zadquiel

Al tan sólo pensar en el Arcángel Zadquiel, sonrío y se me «ilumina» el rostro pues su vibra es tan bonita y relajante.

Su nombre = Rectitud de Dios. Su color: Morado.

El Arcángel Zadquiel posee una de las energías más poderosas: la del PERDÓN. Y es que perdonar requiere su proceso y aprendizaje que te llevará a la liberación del rencor, venganza, furia, pasado… ¡Perdonar es sanar! Y eso es lo que quiere que aprendas este ser de luz. ¡Que el perdón se vuelva parte de ti!

¿Cómo te ayudará el Arcángel Zadquiel? Te prestará sus ojos para que veas el mundo con empatía, armonía, amor y misericordia. ¡Y eso es un gran regalo!

Algunas especialidades del Arcángel Zadquiel:

- Transmuta todo lo negativo en positivo.
- Te ayuda a tener compasión.
- A lograr conexión espiritual.
- A aumentar la memoria.
- A recordar información importante.
- A soltar lo que no puedes controlar.

25 DE MAYO

Perdonar es un acto de inmenso amor propio

«¿Cómo voy a perdonar? ¡Perdonar es de débiles! ¡Perdonar es fracasar! ¡Perdonar es PER-DER!» me expresó una paciente llena de resentimiento. Y claro, al escuchar su historia descubrí que piensa así porque es lo que ha aprendido, principalmente en su núcleo familiar, a lo largo de su vida. Es una creencia arraigada de que perdonar es algo negativo.

Así que le dije: «respira profundamente... Te voy a decir algo, que quizá, en este momento, no lo entiendas, pero PERDONAR ES GANAR. PERDONAR ES UN ACTO DE AMOR PROPIO, PERDONAR ES LA LLAVE DE LAS CADENAS QUE TE TIENEN ATADA AL PASADO, PERDONAR ES UN ACTO VALIENTE DEL CORAZÓN... ¡Sí, limpiar el pasado duele! Es normal que seas presa de las dudas, pero salir de ahí no es imposible. Hoy Dios, en el que tú creas, pone a tus servicios al Arcángel Zadquiel y te ayudará a que se vayan esas viejas ataduras. El Perdón es un proceso de todos los días, pero al final, créeme, habrás GANADO: libertad».

Después de un periodo de trabajo, mi paciente empezó a experimentar los beneficios del perdón: como vivir más ligero, un crecimiento personal y profesional muy positivo, sonreía más, su núcleo social comenzó a crecer y aumentaron sus momentos de felicidad.

26 DE MAYO

Perdonas por ti y para ti

Tu vida inicia hoy... tu vida inicia hoy que decides vivir el proceso del PERDÓN, porque has decidido que quieres vivir pleno y feliz, porque has decido transformar tus prejuicios en pensamientos amorosos, porque has decidido fluir, volar y ¡avanzar!

No perdonas, principalmente, por las personas que te hicieron daño...

No perdonas, principalmente, para que ellos estén tranquilos...

Perdonas por ti y para ti.

Perdonas por tu paz interior.

Perdonas por tu felicidad.

Perdonas por tu tranquilidad.

Perdonas por tu liberación.

Perdonas para vivir con calidad

¡¡¡TE LO MERECES!!!

27 DE MAYO

El Arcángel Zadquiel tiene un mensaje para ti

«Me pone feliz que estemos frente a frente... Y quiero decirte que has elegido bien, pues te elegiste a ti, te pusiste en primer lugar de prioridades, elegiste avanzar creyendo en ti y eso implica que has decidido perdonar y perdonarte. Perdonar te ayudará a derrumbar esas barreras que no te dejan andar en libertad, hacer una limpia en tus emociones y pensamientos, cortar esa cadena que te une con personas que, de alguna manera, te afectaron. Recuerda que el perdón no absuelve la culpa del otro, sino que es una medicina espiritual que te libera de las emociones tóxicas que te hizo sentir. ¡No hay nada que temer! ¡No hay nada que dudar! Tu ego sólo tratará de confundirte, pero tu amor es más fuerte. Seré testigo de la evolución que estás experimentando y que te llevará a una mejor versión de ti».

28 DE MAYO

¡Perdonarte te sana!

El perdonar también incluye el perdonarte: escarba en tu interior y detecta eso que necesitas soltar y perdonarte. A veces cargas con culpas que no te corresponden. ¡Sé honesto! Será una lección espiritual muy importante. Cuando aprendes a hacerlo, sentirás como si te hubieran quitado de encima un costal pesadísimo.

Ejercicio:

1. Párate o siéntate frente al espejo y obsérvate con ojos de amor. Puedes poner música relajante para acompañarte.
2. Enumera todo aquello que quieras perdonarte y, con el corazón en la mano, ve las consecuencias que te han ocasionado esos actos.
3. Posteriormente, recurre al Arcángel Zadquiel: *te entrego esta carga pesada y que en tus manos desaparezca y encuentre sanación.*
4. Ahora pídete perdón y repite: «Con amor me perdono, libero mi corazón de energías negativas, soltando sentimientos tóxicos, adiós culpa, adiós rencor, adiós envidia. Me perdono para poder avanzar en todos los deseos de mi vida».
5. Toma medio vaso de agua e imagina cómo el líquido recorre todo cuerpo llevando perdón y curando las heridas.
6. Di 3 veces: «¡Soy libre, lo que me duele ya no controla mi vida!».

Es muy normal que sientas que sigue ahí ese sentimiento de tristeza o rencor que te aferra al pasado, pero recuerda que el perdonarte es un proceso que requiere de tiempo y de que realices este ejercicio constantemente.

29 DE MAYO

Y después de perdonarte...

Dios mío te agradezco por ponerme en mi camino al Arcángel Zadquiel. ¡Qué regalo tan invaluable! Junto a Él, estoy aprendiendo a
perdonar y perdonarme. ¡Empezando a vivir sin remordimientos!
Estoy en ese proceso de evolución y asumo mi responsabilidad de
hacerlo mejor, de crear cambios positivos en mi vida basados en el
amor y la guía divina. Hoy suelto, dejo ir, me libero... Mi corazón
está lleno de bondad y agradecimiento.

30 DE MAYO

9 cosas que debes saber del perdón

1. En una relación, perdonar no debe de ser una excusa para permitir que tu pareja cruce tus límites personales.
2. Te recuerda que todos podemos cometer errores.
3. Perdonar no significa olvidar lo que paso, sino liberarse del resentimiento o el dolor.
4. También puedes perdonar en silencio y nunca volver a ver a esa persona. Eso es AMOR PROPIO y quererte.
5. El perdonar te permite reconstruir la confianza. ¡Sí se puede! ¡Requiere trabajo!
6. Perdonar a los demás no es porque los otros lo merezcan, sino porque tú mereces paz interior.
7. Mejora tu salud mental.
8. Te aleja del orgullo.
9. Genera una inmensa bondad en tu corazón.

31 DE MAYO

Adiós y gracias mayo... ¡aprendí que el perdón me regala libertad!

Respira profundamente y reconoce: «¡Soy libre... Vivo más ligero!». Ese es el resultado de tu esfuerzo durante este mes que finaliza. Así como el aire entra y sale libremente de tu cuerpo, tu vida fluirá de la misma manera atrayendo lo que necesitas y soltando lo que ya no te suma.

Agradece: «Gracias mayo por recordarme el amor puro de una madre, mi ángel terrenal y que, si mi relación con ella es armoniosa, mi andar será más productivo. Gracias Arcángel Zadquiel confío en que este proceso de evolución a base del perdón que inicié de tu mano me llevará a una mejor versión de mí y, como consecuencia, a la cima».

Decreto: «¡Mi libertad no tiene precio!».

1 DE JUNIO

¡Bienvenido junio! La riqueza que necesitas es la espiritual

Junio, el mes ombligo del año, mes 6, número de «RIQUEZA» en el mundo de los Ángeles y este es su mensaje:

> «Estás tan preocupado por el dinero que hiciste a un lado tu espiritualidad y es ésta la que te acerca a la RIQUEZA celestial. Recuerda que el estar preocupado, sólo te hace vibrar bajo, bloqueando los canales de comunicación con nosotros. Concéntrate en tus oraciones y date tiempo para meditar».

Pensar y trabajar en tu economía no es negativo, sólo que los Ángeles te invitan a que mantengas un equilibrio y no descuides tu espiritualidad, pues ésta es tu origen, la fuerza que impulsa todo lo que construye tu vida. Mes ideal para retomar tus proyectos o dar un paso más para alcanzar tus SUEÑOS.

2 DE JUNIO

Del 1 al 10, ¿cómo sientes tu relación con los Ángeles?

Después de trabajar ya varios meses de la mano de los Ángeles, sé honesto contigo y, reflexiona: del 1 al 10, ¿cómo sientes tu relación con los Ángeles?

Marca el recuadro con una X, tomando en cuenta que el 10 es excelente. ¡Esto no es un examen y nadie te va a juzgar!

1	2	3	4	5	6	7	8	9	10

3 DE JUNIO

Tu conexión con tus Ángeles de la Guarda existe y es extraordinaria

Escribe en las líneas aquello que necesitas de los Ángeles para «optimizar» tu relación con ellos. Y aquello que necesitas hacer tú para «optimizar» tu relación con ellos.

Y escribo optimizar entre comillas porque, en realidad, la conexión con tus Ángeles de la Guarda existe y es EXTRAORDINARIA. Sin embargo, en ocasiones, en tu mente o corazón existen dudas o pequeñas barreras y, al escribírselas, se las estarás entregando a tus Ángeles para que te ayuden a resolverlas y eliminarlas. Y las que tú necesitas optimizar, tus Ángeles te ayudarán a llevarlas a cabo. Por eso, es importante que las escribas para que las puedan leer ellos.

Por ejemplo: «En ocasiones, no entiendo sus mensajes, ¿podrían ser más claros? Siento que, a veces, no me escuchan, ¿podrían enviarme una señal de que sí están junto a mí? Me comprometo a meditar constantemente».

_____

_____

_____

_____

_____

_____

_____

_____

_____

4 DE JUNIO

«Prendas» y «accesorios» que necesitas incluir en tu clóset espiritual

El saco del Éxito.

Pantalones de Valentía.

Playera de Amor propio.

Calcetines de Empatía.

Cinturón de Fe.

Cartera de Abundancia.

Zapatos de la Confianza.

Ropa interior de la Felicidad.

Tenis de la Paz.

Todos los días, puedes combinar las prendas como tú quieras, incluso, usarlas todas al mismo tiempo.

5 DE JUNIO

Envíale tu currículum al Arcángel Uriel

Sales a buscar trabajo y ¡no encuentras! O quieres cambiar de trabajo por uno donde te paguen mejor y te sientas realizado, pon en práctica este poderoso ejercicio: ¡Envíale tu currículum al Arcángel Uriel!

1. Enciende una vela o cirio rojo con un cerillo de madera y llama al Arcángel Uriel: *Amado Arcángel Uriel, jefe del departamento de Recursos Humanos Celestial, te necesito junto a mí, necesito de tu ayuda y contactos.*

2. Toma tu currículum impreso (sí, el mismo que envías a las empresas, de preferencia que tenga una foto tuya) y en la parte de arriba de la hoja escribe
Para: El Arcángel Uriel.
Puesto: (Escribe el puesto que quieres).
Sueldo: (El sueldo que deseas ganar).

3. En la parte de atrás de la hoja escribe por qué deseas ese trabajo y las características que te gustaría que tuviera. Sé muy específico. Por ejemplo: Que esté cerca de mi casa, que el ambiente laboral sea agradable, que mi desempeño me permita crecer dentro de la empresa o que sea un horario de 9 a 5.

4. Quema la hoja con la llama de la vela roja. Obvio en un lugar seguro.

5. Mientras se quema la hoja repite: *Arcángel Uriel entrega mi currículum a las manos correctas. En ti confío. Amén.*

6 DE JUNIO

Así como es importante aprender a soltar, también es el aprender a sostener

A lo largo del libro, te he enseñado la importancia y los beneficios de aprender a soltar… dejar ir. Sin embargo, también tienes que aprender a sostener… aprender a reparar… aprender a reestructurar… aprender a luchar… aprender a amar… ¿Y a qué me refiero o en qué consiste? A no irse cuando los problemas (dependiendo la gravedad) aparecen por primera vez o las situaciones se complican.

Y es que hoy en día, todo lo vemos desechable: las personas, las relaciones, los trabajos, los amigos… Incluso, he escuchado a muchas personas decir antes de casarse: «pues me caso y pues, si no funciona, pues ¡me divorcio!». Es decir, que desde antes de casarte ya está en tu mente el fracaso. ¿Y dónde queda el compromiso, el no rendirse a la primera? Te quedaste pensando, ¿verdad? Por eso, por ejemplo, en una relación, la importancia de la comunicación, la confianza, el amor o el compromiso de resolver los pequeños conflictos juntos.

7 DE JUNIO

Cuando no entiendas lo que está pasando en tu vida...

Voltea al cielo y, con toda tu fe, repite: *Dios mío abrázame fuerte, dame fuerzas... Te necesito a ti y a tu ejército de Ángeles... ¡Sostenme! Pongo mi vida en tus manos pues sé que tienes mejores planes para mí. Elimina este dolor, elimina mis miedos, elimina mis dudas, elimina mi incertidumbre... ¡Ayúdame a recobrar la paz!*

8 DE JUNIO

¿Qué hago con este dolor?

Cuándo algo te duela: ¡ESCRÍBELO Y VUELVE A ESCRIBIRLO! Como si estuvieras escribiéndole una carta a tus Ángeles de la Guarda. Recuerda que estos seres de luz son tus mejores amigos. Así que escríbeles todos los detalles: cómo pasaron las cosas, cómo te sientes, cómo lo resolverías, qué necesitas…

Cuando algo te duela, ¡también lo puedes volver ARTE! Así es, como un cantante plasma sus vivencias en una canción, un escritor en un libro, un pintor en un emotivo cuadro…

Cuando algo te duela, ¡LLORA! Esas pequeñas gotitas limpiarán tu interior.

Cuando algo te duela, ¡PLÁTICALO! con Dios, tus Ángeles, algún familiar, tu mejor amigo, un terapeuta…

Cuando algo te duela, pon tu música favorita y BAILA…

Deja salir el dolor, no permitas que marchite tu interior.

9 DE JUNIO

Estoy dispuesto a...

Irme a dormir todas las noches en paz conmigo mismo.
¡Así es y así será!

Recordatorio:
Tus Ángeles de la Guarda te ayudarán a lograrlo.

10 DE JUNIO

Esto también es amor

Cuando alguien te ayuda mientras atraviesas una situación complicada...

Cuando alguien te ayuda y, esa ayuda, viene de una persona que también atraviesa una situación poco fácil...

Cuando alguien te ayuda mientras cruzas una tormenta...

Cuando alguien te ayuda a salir de tus días grises...

No es ayuda, es AMOR.

11 DE JUNIO

Reflexiónalo

¿Cómo puedes buscar, crear, aportar o pedir PAZ en el mundo, si vives en GUERRA contigo mismo?

12 DE JUNIO

¡Ríndete y reconcíliate contigo mismo!

Ríndete y deja de luchar contra ti.

Ríndete y deja de ser tu peor enemigo.

Ríndete y deja de tratarte mal y ser tu propio obstáculo.

Levanta la mano y pide ayuda a tus Ángeles de la Guarda y RE-CONCÍLIATE CONTIGO MISMO. ¡Comenzarás a notar la hermosa luz que vive en ti!

Querido Arcángel Chamuel: sube mi autoestima, alimenta mi amor propio y devuélveme la confianza en mí mismo…

Valiente Arcángel Miguel: corta todos mis miedos y aléjalos de mí…

Sabio Arcángel Uriel: ayúdame a aprovechar al máximo mis talentos…

Arcángel Jofiel: llena de luz mis pensamientos oscuros…

Arcángel Gabriel: recuérdame lo valioso que soy…

Arcángel Rafael: sana mis heridas internas…

Arcángel Zadquiel: enséñame a no juzgarme y a pedirme perdón…

Arcángel Metatrón: guíame en este proceso de cambio que estoy experimentando…

AMÉN.

13 DE JUNIO

Cuando vibras en amor, ¡hay paz en tu interior!

En un evento escolar, escuché a una pequeñita hablar frente al micrófono:

«Me gustaría vivir en un mundo en PAZ, sin miedo a vivir siendo nosotros, en libertad… sin juzgarnos, criticarnos, agredirnos, controlarnos… ¡sin guerras! Al contrario, ¡AMÁNDONOS!»

Y esta palabra final es clave, es el secreto para crear paz mundial. Si todos ondeáramos la bandera del amor, eso, ¡vibraría el mundo!

¿Cómo puedes aportar un granito de arena para crear paz mundial? ¡AMÁNDOTE! Es un regalo invaluable para ti y el mundo. Cuando vibras en amor, ¡hay paz interior! Y esa paz, contagia a los que te rodean.

14 DE JUNIO

Tú también puedes vivir en paz y transmitirla

Te ha pasado que convives con una persona y dices: «ay, esa persona me transmite mucha paz». Y, ¿a poco no? Se antoja vivir en ese estado de tranquilidad. Tú también puedes lograrlo e ir por la vida contagiándolo. Y son tus Ángeles de la Guarda quienes te ayudarán a conseguirlo.

Hay quienes creen, erróneamente, que una persona en paz no tiene problemas. ¡Sí los tiene, como cualquier otro ser humano! Lo que sucede con ella es que hay un gran trabajo de amor propio que le permite resolver las situaciones poco fáciles con actitud positiva. Y esa actitud ante la vida es predicar con el ejemplo.

15 DE JUNIO

Nuevas puertas de felicidad frente a ti

«Amor mío, soy el Arcángel Gabriel y tengo este mensaje para ti: te concentras (por no decir, te obsesionas) tanto en la puerta de la felicidad que ya se cerró... estás tan sumergido en esos pensamientos grises que nublan tu vista y no te dejan ver las nuevas puertas de la felicidad que ya abrimos frente a ti. Cuando una puerta la cerramos, abrimos otras para ti. ¡Todos los días te ofrecemos momentos felices, nuevas oportunidades... ¿Qué necesito de ti? ¡Actitud positiva!, pues ésta te permitirá ver el mundo con ojos de amor, soltar el pasado y seguir adelante... así sabrás cruzar y disfrutar esas nuevas puertas. Recuerda que el origen de la felicidad vive en ti».

16 DE JUNIO

También te admiras...

Porque lo estás haciendo lo mejor que puedes y, sólo tú sabes cuánto te está costando todo y cuántas lágrimas has derramado, pero aun así SIGUES. ¡No te rindes!.

Por todo lo que has superado en silencio y a solas.

17 DE JUNIO

Pídele perdón a la persona de la que te burlaste

Regálate 3 minutos, cierra tus ojos, respira profundamente y recuerda: ¿de quién te has burlado?, ¿A quién le has generado esa grieta en su corazón o autoestima con tus burlas? ¡Y pídele perdón! Puede ser, incluso, a un ser que ya esté en el cielo. Utiliza las palabras que surjan desde tu amor, también, envíale tus mejores deseos. ¡Libérate de los remordimientos! ¡De esa carga pesada! Quizá necesites repetir este ejercicio varias veces hasta que sientas más ligero tu andar.

18 DE JUNIO

El Arcángel Jofiel quiere decirte...

«Hola ser de luz, soy el Arcángel Jofiel y he notado que tu brillo no es tan intenso. ¡Estás enojado! ¡Lo sé! Te agobian las circunstancias poco fáciles que llegaron a tu vida. En tu mente hay una revolución de dudas: «¿por qué a ti? ¿Para qué a ti?» Y hoy, estoy aquí para decirte con todo mi amor: deja de «pelearte» con esas circunstancias. Sólo está contaminando tu energía y el agotamiento interno será extremo. Incluso te invito a que dejes de etiquetar lo que te pasa en la vida como bueno o malo. ¡Sólo son momentos! Mejor, concéntrate en imaginar soluciones o escenarios favorables para ti y fluye. Desde que nos pediste ayuda, aquí en el cielo estamos ya trabajando en resultados positivos para ti».

19 DE JUNIO

Mitos sobre ser positivo

Un día, un ser querido, se acercó a mí lleno de dudas sobre «ser positivo» y me comentó: «Veo por todos lados, en campañas publicitarias, en redes sociales, en programas de televisión o radio… —Tienes que ser más positivo. —Deja de ser negativo, ve el lado bueno. La felicidad es una elección. Y me ESTRESA. Incluso, me avergüenza sentir lo que siento, o ser lo que soy, por más que me enfoco en ser positivo. ¡Me siento muy lejos de estar feliz o ser una persona positiva!».

La abracé y dejé que mi cálido abrazo calmara sus pensamientos y su corazón. Le susurre al oído: «relax, respira profundamente… Ser positivo es una hermosa actitud ante la vida… ¡Con una GRAN (y lo resalto con mayúscula) cantidad de beneficios para ti! Pero ser positivo NO SIGNIFICA que estés feliz las 24 horas del día o que no tendrás problemas, incluso, te lo digo de corazón, está bien no sentirte feliz todo el tiempo, sentir emociones incómodas, derrumbarte, sentirte perdido… Ser positivo es saber que, a pesar de la tormenta, tienes la certeza de que volverá a salir el sol. Tienes la certeza de que los Ángeles te ayudarán, aprenderás y te reinventarás».

20 DE JUNIO

¿Cómo logro ser positivo?

Nos han vendido en la publicidad que un buen día despiertas y listo: «ya eres positivo», o qué ir todos los domingos a misa ya te hace positivo, o que existe una varita mágica que te convierte en una persona positiva. Y lo primero que tienes que saber es que REQUIERE SU PROCESO. Así que ¡PA-CIEN-CIA! Sin embargo, un buen comienzo es decidir ver la vida con ojos de amor. Comenzar una actitud positiva es como comenzar a comer sanamente y verás los resultados con el paso del tiempo.

Consejos:

- Una baja autoestima puede ser una limitante, así que recurre al Arcángel Chamuel para que te ayude a alimentar tu amor propio.
- El Arcángel Jofiel tiene maestría en POSITIVISMO y te guiará si le pides ayuda.
- Cuida lo que ves y oyes. Elige muy bien el contenido que consumes.
- Deja que fluya de manera natural y no te obsesiones.
- Si estás leyendo este libro, ya estás consciente o inconscientemente, alimentando tu actitud positiva ante la vida.

21 DE JUNIO

Ejercicios que te ayudan a ser positivo

1. Agradece lo que ya tienes.
2. Pega algunas frases motivacionales en el espejo donde te arreglas y cámbialas constantemente. Al leerlas, ¡te sumarán!
3. Enfócate en soluciones positivas o finales felices. ¡Si lo crees, lo creas!
4. Incluye en tus oraciones a los Ángeles.
5. Medita.
6. Saborea las cosas buenas.
7. Rodéate de personas alegres.
8. Lee algún libro o ve una película motivacional.
9. Practica deporte.
10. Ayuda al prójimo desinteresadamente.
11. Practica el diálogo interior positivo.
12. Mírate al espejo y háblate con palabras de amor.
13. Practica un deporte al aire libre.
14. Come saludable.
15. Observa el cielo y disfruta de ver las nubes.

22 DE JUNIO

Apapacho celestial

Tu Ángel de la Guarda te dice:

«Eres una GRAN persona, ¡disfruta siendo tú!».

23 DE JUNIO

Paso a paso. Es un ingrediente importantísimo del éxito

«¿Por dónde comienzo? o ¿cuál es el paso que tengo que dar para avanzar hacia mis sueños?» son algunas de las dudas que te llegan a la hora de arrancar un proyecto o enfocarte en cumplir tus sueños. Y mi recomendación es que se lo preguntes a los Arcángeles Miguel o Uriel, o a ambos, así, directamente y con toda tu fe, con la certeza de que te guiarán:

> *Arcángel Miguel: ¿por dónde debo comenzar? o Querido Arcángel Uriel: ¿cuál es el siguiente paso que tengo que dar para llegar a mi meta?*

¡Te sorprenderán sus respuestas! Estos hermosos seres de luz, me han enseñado que el mejor camino para hacer realidad los sueños es PASO A PASO. Enfocándonos e invirtiendo nuestra energía en esa parte y recurriendo a tres ingredientes importantísimos: paciencia, constancia y disfrutar el proceso. ¡Respetando los tiempos!

Tip: divide tu proyecto en partes (pasos) y concéntrate en llevarlos a cabo uno por uno.

24 DE JUNIO

Pon tus proyectos en manos de los Ángeles

Cuando recibí el mensaje de mis Ángeles: «*Gaby comparte tu sabiduría espiritual a través de un nuevo libro (este que estás leyendo)*». ¡Me llené de una emoción enorme! ¡Felicidad máxima! ¡Inexplicable! Sin embargo, y aunque estaba segura de que mis Ángeles me ayudarían y serían mi guía, también tuve mis dudas: «¿A qué hora lo voy a hacer?», fue mi primera pregunta, pues acaban de nacer mi hermosos mellizos y bueno, está de más hacerte un desglose de mi agenda personal y laboral. Y aunque tenía claro de qué se trataría el libro, mi duda era «¿por dónde comenzar?». Así que hice una lista de peticiones a mis Ángeles:

1. Ayúdenme a liberar mi agenda, cumpliendo con calidad todos mis compromisos.
2. Eliminen de mi mente cualquier pensamiento limitante.
3. Les entrego este proyecto con todo mi amor y les permito, desde el principio, involucrarse en él.
4. Les pido que cuando duerma pueda descansar perfectamente para rendir mejor durante el día.
5. Despejen mis puentes de comunicación con ustedes para recibir sus mensajes y sensaciones exitosamente.
6. Que se involucren en este proyecto personas que amen lo que hacen y que deseen el bien al prójimo.

Su respuesta fue inmediata: «*Calma, no hay prisa, PASO A PASO*». Y estos seres de luz fueron resolviendo cada una de mis peticiones.

25 DE JUNIO

Cada proyecto es único, tiene sus reglas y velocidad

Como te explicaba anteriormente, si bien ya tenía el tema para este libro, mi duda era: «¿Por dónde debería de comenzar?». Y quiero hacer énfasis en esta pregunta y la respuesta que me dieron los Ángeles porque fue sorprendente y hermosa.

Por lo general, tendemos a pensar que lo lógico es comenzar por el principio o en orden cronológico, pero en mi caso fue diferente: cuando me senté frente a la computadora para comenzar a escribir el libro, mi lógica me decía que debía empezar escribiendo el texto del 1 de enero, pero, oh sorpresa, Los Ángeles tenían otros planes o sugerencias para mí.

Cuando comencé a recibir sus mensajes y su guía, me di cuenta que esa información que me daban pertenecía al mes de diciembre del libro. Es decir, ¡empecé por el final y fluí! El resultado y la experiencia fue ¡wooow! De hecho, este mensaje que estás leyendo fue de los últimos que escribí. Y lo que quiero decirte es que a veces nos aferramos al ideal o «plan perfecto» de un proceso y, en realidad, lo único que necesitamos es lanzarnos, no importa si empezamos por el principio, en medio o por el final. ¡Cada proyecto es único, tiene sus reglas y su velocidad! Finalmente, cada uno de esos pasos, nos acercará a nuestros sueños.

26 DE JUNIO

Practica, practica y vuelve a practicar

¡Claro!, a veces tienes ganas de tirar la toalla, a todos nos pasa... Pero, sabes por qué algunas personas destacan en ciertas áreas como en los deportes, la música, ciencia, baile, medicina... porque ¡PRACTICARON Y PRACTICARON! Una herramienta muy importante para el éxito. Y también se aplica a la hora de conectar con tus Ángeles a través de la meditación: ¡para lograrlo tienes que practicarlo!

Sé paciente con tu proceso y disfrútalo. Tus habilidades mejorarán con el paso del tiempo. Además, imagina TODO lo que aprenderás.

27 DE JUNIO

No viniste a esta vida a competir con tus papás

Desde pequeños, nos han enseñado que tenemos que ser mejores que nuestros padres… ¡Más exitosos! ¡Ganar más dinero! ¡Una carrera más llamativa! ¡Una mejor familia! ¡Mejor auto, casa, negocio…! Quítate esa presión, dile adiós a esas creencias… No viniste a esta vida a «competir» con tus papás, naciste para ser feliz. Tus sueños son importantes, tus logros son valiosos, ¡apláudelos! No te compares con los demás, no midas tu felicidad con el de al lado… Tu historia es única y, sólo tú sabes saborear cada capítulo de tu vida.

28 DE JUNIO

Hoy sólo necesitas saber que...

Dios nunca llega tarde.

29 DE JUNIO

Recordatorio: ¡Agradece!

Hoy AGRADECE al ponerte tus zapatos.

Hoy AGRADECE ese refrigerador con alimentos.

Hoy AGRADECE cuando manejes tu coche.

Hoy AGRADECE cuando agarres tu bolsa al salir.

Hoy AGRADECE a la hora de comer tus alimentos.

Hoy AGRADECE por dormir en una cama cómodamente.

Hoy AGRADECE al besar a tu pareja.

Hoy AGRADECE al abrazar a tus hijos.

Hoy AGRADECE al comenzar tu jornada laboral.

Hoy AGRADECE el sentir el agua calientita mientras te bañas.

AGRADECE lo que ya tienes en tu vida para que llegue más y a manos llenas.

30 DE JUNIO

Adiós y gracias junio ¡fuiste un alumno ejemplar!

Hoy sabes que si involucras a Dios y a los Ángeles en tus planes desde el principio, estos brillarán y tendrás GRANDES recompensas. En manos de estos seres de luz, ¡no tienes nada de qué preocuparte!

Entendiste que paso a paso y con paciencia, llegarás a cumplir satisfactoriamente tus sueños. ¡Hacer las cosas con prisa sólo genera caos! Hoy dile adiós a junio, agradeciéndole las enseñanzas a tus queridos Ángeles.

Aquí te dejo algunos ejemplos:

Gracias por caminar conmigo estos 30 días. Gracias por el trabajo juntos. Gracias por los mensajes que me dieron. Gracias por protegerme a mí y a mi familia. Gracias por ser la luz que ilumina mis días poco fáciles.

Decreto: «Disfruto siendo yo».

1 DE JULIO

Bienvenido julio ¡concéntrate en tu salud!

Los Ángeles serán los «chefs» de tu vida. Y te prepararán esos delicio-sos «platillos» que tanto te gustan y necesitas. Es decir: ¿Quieres eco-nomía en crecimiento? ¡Te la pondrán sobre la mesa! ¿Quieres recu-perar la salud? ¡La sazonarán! ¿Necesitas tranquilidad? ¡La disfrutarás!

Mes 7, te anuncia: «*Nosotros tus Ángeles de la Guarda estamos traba-jando para ti, incluso ya te abrimos puertas de oportunidades, ¡crúzalas! Tienes prohibido dudar de ti. Además, ya te hemos demostrado que puedes confiar en nosotros. ¡Te llevaremos a una vida mejor! Nuestra magia está creando magia en ti. Todo lo que estás tocando con amor, ¡está creciendo!*».

Importante tarea para este mes: aplicarte con tu salud física y mental. ¡Es tu motor! ¡La necesitas al 100! ¿Quién te ayudará? El Ar-cángel Rafael.

2 DE JULIO

*¿Ya cumpliste alguno de los propósitos
que prometiste lograr durante este año?*

Estamos entrando a la segunda mitad del año y quiero preguntarte: «¿Cómo vas con los propósitos que te prometiste cumplir durante este año?, ¿te has esforzado realmente para llevarlos a cabo?, ¿cuántos ya lograste?, ¿o ya ni te acuerdas cuáles eran?». Si eres de los que ya cumpliste alguno y, continúas en el camino para lograr otros... ¡Aplausos! ¡Celebro tu esfuerzo! ¡No bajes el ritmo! ¡Ya estás disfrutando de los frutos de tu compromiso! Si eres de los que no han cumplido ni uno, te pregunto: «¿cuál es el motivo por el que no has llegado a esas metas?».

Los primeros 3 motivos que te vinieron a la mente después de leer la pregunta que te hice, escríbelos en un papelito. Posteriormente, quema el papelito (utiliza un cerillo de madera) mientras repites:

Querido Arcángel Miguel: corta mis miedos y actitudes limitantes.

Querido Arcángel Zadquiel: te pido que, cada vez que pase por mi mente rendirme, me recuerdes los beneficios y el crecimiento que conlleva cumplir mis propósitos.

3 DE JULIO

A estas alturas, no se vale rendirse con tu lista de propósitos

Si ya no te acuerdas de la lista de propósitos que hiciste antes de terminar el año pasado, piensa en 3 nuevos propósitos y ¡ACCIÓN! Seguramente, pasará por tu mente: «¿propósitos a mitad del año?, ¿cómo voy a lograrlos en tan poco tiempo?», y las respuestas son: SI PUEDES, con ACTITUD POSITIVA, MUCHO ESFUERZO y teniendo como maestros a los Arcángeles Miguel y Zadquiel.

Si aún conservas tu lista de propósitos, esta es la señal para comenzar a cumplirlos.

También se vale cambiar de propósitos.

Sé específico en tus propósitos, por ejemplo: Leer 3 páginas de un libro antes de dormir. Visitar a mis abuelos cada 15 días. Sustituir el refresco por agua natural. Practicar 3 veces a la semana ejercicio. Inscribirme al diplomado hoy mismo.

4 DE JULIO

Cumple tus promesas

Has visto el rostro de un niño cuando cumples la promesa que le hiciste… Su rostro se ilumina de un brillo especial llamado felicidad; algunos sonríen, otros se sonrojan e incluso hay quienes lloran. Si eso genera el cumplir una promesa a otra persona, imagínate lo que ocasiona el cumplir las promesas que te haces a ti mismo. ¡Wooow! Y es que la relación más importante en la vida, es la que tienes contigo mismo.

¿Y qué te estás diciendo al cumplir tus promesas? «¡Te quiero! ¡Te respeto! ¡Confío en ti! ¡Eres especial! ¡Aplaudo tus logros! ¡Quiero lo mejor para ti! ¡Te soy leal!».

Desempolva tus promesas y ¡cúmplelas ya! No dejes que tus promesas sean simplemente palabras que se las lleva el viento.

5 DE JULIO

Dios tiene hermosos planes para ti

Si día a día sigues despertando, es porque Dios (en el que tú creas) te ama IN-MEN-SA-MEN-TE (con mayúsculas) y todavía tiene hermosos planes y proyectos para ti. Eres su todo y te necesita en sus propósitos. El hecho de que despiertes todos los días es un regalo invaluable llamado milagro de Dios. ¡Reflexiónalo!

6 DE JULIO

Es tiempo de hablar del Arcángel Rafael

Bendito Arcángel Rafael: ocupas un lugar tan especial en mi vida. Te quiero.

Sin duda, tiene una de las especialidades más poderosas: ¡SANAR! Lo conocemos como el Arcángel Doctor o el Arcángel de la Salud. Su misión es mantenerte o regresarte a tu estado natural: ¡Estar saludable!

Al comunicarse contigo siempre será dulce y cariñoso, incluso llamará tu atención con pequeños destellos de luz verde esmeralda para que sepas que está junto a ti. El Arcángel Rafael también es el veterinario de los Animales. Además, te protege durante los viajes y crea armonía en éstos y desarrolla tu potencial clarividente.

El Arcángel Rafael está listo para ayudarte, sólo necesita que le des permiso de involucrarse en tu vida a través de consejos. Si estás leyendo este mensaje, es la señal de que debes incluirlo en tus oraciones.

¿Sabías que, al igual que el Arcángel Rafael, tú también puedes ser un Ángel terrenal sanador pues tu energía tiene poderes curativos y tus palabras fuerza terapéutica?

7 DE JULIO

Llamado al Arcángel Rafael

Hola Arcángel Rafael, Arcángel médico, te llamo con toda mi fe. Quiero invitarte a formar parte de mi vida. ¡Necesito tus consejos! ¡Necesito tu guía! ¡Necesito tu sabiduría celestial! ¡Necesito tu poder sanador! ¡Necesito tus recetas médicas! Con todo mi amor, te entrego las llaves que abren las puertas de mi día a día, que permiten el acceso a mi cuerpo para que tu luz verde esmeralda lo mantenga vivo y libre de cualquier enfermedad. ¡Estar sano es parte de mi esencia! Y junto a ti, así se mantendrá.

8 DE JULIO

Tú puedes generar una salud perfecta

«Mi hermoso cariño, soy el Arcángel Rafael, Dios me envió para cuidar de ti y lo hago con todo mi amor. ¡Siempre eres y serás mi prioridad! Dios me pidió que te dijera: 'eres capaz de crear la vida que deseas y eso, también incluye a tu salud. Tú puedes generar una salud perfecta'. Sin embargo, tienes que saber que, muchas veces, tus enfermedades son la consecuencia de tus actitudes, emociones o sentimientos no resueltos como los celos, la ira, el rencor, la envidia, victimizarte... Detente unos minutos e identifícalos. ¡Los trabajaremos juntos! No tienes nada que temer porque estoy aquí para ayudarte, pues sé lo importante que es estar saludable para que puedas concentrarte en lograr todos tus sueños».

9 DE JULIO

5 razones por las que te enfermas y quizá no sabías...

Todo aquello a lo que no le pones un alto o resuelves en tu mente, se manifestará como enfermedad en tu cuerpo.

1. Por no expresar lo que sientes. Te lo callas lo que ocasiona problemas en tu organismo como dolores en la garganta. El Arcángel Gabriel te ayuda a poner en tu boca las palabras correctas para expresarte en el tiempo adecuado.
2. Por vivir con rencor. Y es el Arcángel Zadquiel quien te liberará de ese sentimiento a través del perdón.
3. Por aferrarte al pasado vives en estrés y ansiedad constante. Recurre al Arcángel Miguel para que corte con todo aquello que no te deja avanzar.
4. Por trabajar en lo que no te gusta. El Arcángel Uriel puede llevarte al trabajo de tus sueños.
5. Por abandonarte. Es el Arcángel Chamuel quien te inyectará grandes dosis de autoestima y amor propio.

10 DE JULIO

*El Arcángel Rafael pone en equilibrio tu cuerpo,
tu mente y tu espíritu*

Divino Arcángel Rafael, médico celestial:

Rocíame con tu luz verde brillante para que esas gotitas saludables recorran mi mente creando pensamientos sanos.

Rocíame con tu luz verde brillante para que esas gotitas saludables recorran mi cuerpo sanando cualquier célula enferma y devolviéndole su buen funcionamiento.

Rocíame con tu luz verde brillante para que esas gotitas saludables se impregnen en todos los alimentos espirituales que consuma.

Al estar en armonía y equilibrio con mi cuerpo, mente y espíritu, estoy en mi estado más puro.

11 DE JULIO

Oremos por todos aquellos que enfrentan un problema de salud

Amado Arcángel Rafael: te pido, con todo mi amor, que envíes una receta médica celestial a todos aquellos que enfrentan un problema de salud para que con tus instrucciones sanen a la brevedad. Y a todos sus familiares, vitaminas celestiales para que eliminen el agotamiento que conlleva cuidar amorosamente a un ser querido delicado de salud. Además, derrama destellos de luz sobre las personas enfermas para que alimenten la fe en cada uno de ellos. Tu luz es fuerza, tu luz es esperanza, tu luz sana y tu luz es milagrosa.

12 DE JULIO

Y si hoy te dedicas a enviar amor

A las personas que extrañas.

A quienes perdieron la fe.

A los que necesitan un abrazo.

A quienes perdieron a un ser querido.

A los que tienen que salir a trabajar.

A los que padecen una enfermedad.

A todos los médicos y enfermeras.

A los que enfrentan una guerra interna.

A los que literal viven en medio de una guerra.

A quienes sufren depresión o ansiedad.

Sólo cierra los ojos, respira profundamente y mándales tus mejores vibras de amor, fe y esperanza.

13 DE JULIO

Visita el santuario del Arcángel Rafael

Antes de dormir, realiza el siguiente ejercicio:

1. Enciende una vela verde con un cerillo de madera.
2. Pon música relajante, de preferencia sonidos de la naturaleza.
3. Acuéstate sobre tu cama. Cierra los ojos y concéntrate en tu respiración.
4. Imagina que estás en un hermoso bosque verde, incluso puedes ver hadas volando cerca de ti y en el cielo un hermoso arcoíris. Siente cómo el aire fresco entra a tus pulmones. Estás en un lugar que te llena de paz. Frente a ti, hay una hermosa cascada, te acercas a ella y observas cómo se desprenden pequeñas gotas color verde brillante… ¡Siente cómo esa brisa toca tu rostro y todo tu cuerpo! Tu piel absorbe esas gotitas verdes eliminando cualquier dolencia, miedos o emociones tóxicas. ¡Te sientes ligero! Ese bosque y esa cascada pertenecen al Arcángel Rafael. ¡Es su santuario! Y cada gotita que absorbió tu cuerpo, su energía.
5. Visita el santuario del Arcángel Rafael las veces que quieras y quédate en él el tiempo que desees.
6. Es un tratamiento sanador.

14 DE JULIO

¿Qué cambio saludable necesitas hacer urgentemente?

¿Cuál fue el primero que llegó a tu mente? ¡Comienza con ése! ¡Es necesario! Si no sabes cómo iniciar este proceso de cambio, el Arcángel Rafael te guiará. Los cambios saludables no sólo se refieren a alimentación, también a actividades físicas, eliminar adicciones, mejorar la relación con un ser querido, romper con la rutina, cuidar lo que ves y oyes, cortar con tus creencias limitantes... ¡Comienza con uno!, pero, ¡comienza ya! Paso a paso, poco a poco...

¡Cuidar de ti debe ser tu prioridad!

15 DE JULIO

Mira tu cuerpo con ojos de amor

Te preguntarás: «¿Y cómo se hace eso?»

Uno: con paciencia. Dos: se requiere un proceso. Tres. Puedes empezar con el siguiente ejercicio…

1. Párate frente al espejo y pídeles a los Arcángeles Chamuel y Rafael que te acompañen en este ejercicio.
2. Y en lugar de criticar tu aspecto físico o enfocarte en lo que tú crees que son tus imperfecciones, comienza a hablarle a tu cuerpo con piropos y palabras de amor, incluso agradeciendo todo lo que hace por ti (aunque parezcan obviedades).
3. Aquí algunos ejemplos: «Eres mi templo y te cuido. Eres hermoso así como estás. Gracias por funcionar al 100 por ciento. Eres mi tesoro. Te quiero. Perdóname por haberte descuidado. Eres bello y maravilloso. En ti, veo la grandeza de Dios».
4. No te límites en frases de amor. Realiza este ejercicio frecuentemente. Incluso lo puedes hacer varias veces al día.

Es normal que, al principio, te sientas «incómodo» con este ejercicio, por llamarlo de alguna forma, incluso, que no veas resultados. Como te explicaba al principio requiere su tiempo.

MERECES SENTIRTE BIEN Y CONTENTO CON TU CUERPO.

16 DE JULIO

Cuida tu salud física: alimentación y ejercicio, la mancuerna perfecta

Una idea errónea es que amar y aceptar tu cuerpo, implica que ya no tienes que hacer nada por mejorar tu salud física. ¡Adiós a esa idea! Al contrario, cuidar, todos los días de tu cuerpo es un acto de amor. Por eso, es momento de enfocarte en tu alimentación y ejercicio. Descubrir qué alimentos te hacen bien, dejar ciertos productos tóxicos, enamorarte de alguna rutina de ejercicio… Y es el Arcángel Rafael quien puede recomendarte a los nutriólogos, entrenadores o especialistas de la salud que necesitas en tu vida. Aunado a esto, tus Ángeles de la Guarda te ayudarán a lograr tus metas físicas. Serán una especie de porristas celestiales que te «echen ánimos». ¡Tu cuerpo te lo agradecerá!

17 DE JULIO

Hacer ejercicio es poesía para la inteligencia de tu cuerpo

En tu vida, hacer ejercicio no debería ser un castigo por lo que te comiste; no, no, ¡NO! Al contrario, debería ser un placer, una delicia… incluso, una poesía (por llamarlo amorosamente) a la inteligencia de tu cuerpo.

Cada persona tiene diferentes motivos para practicar algún deporte. Sin embargo, hay motivos «tóxicos» (por llamarlos de alguna forma) que te generan culpas o estrés, por ejemplo: hacer ejercicio para evitar subir de peso por lo que te comiste o sentir culpa si un día no haces ejercicio por la idea de que perderás músculo. Es decir, está bien quererte ver bien, pero lo que no está bien, es llevar algo saludable al extremo generando pensamientos o sensaciones insanas. El ejercicio no es tu enemigo, debería ser tu aliado, un amigo saludable en tu grupo de amigos.

Hago ejercicio porque me produce felicidad.
Hago ejercicio porque me genera energía.
Hago ejercicio porque limpia mis pensamientos.
Hago ejercicio porque me mantiene saludable.
Hago ejercicio porque me gustan los resultados en mi cuerpo.

18 DE JULIO

Apoyo celestial

Hoy es tu día... ¡SÍ SE PUEDE!

19 DE JULIO

Carta de amor a mi cuerpo

Mi amado cuerpo:

Quiero comenzar diciéndote: «¡Te amo inmensamente!» y 1000 disculpas por juzgarte, reprocharte, herirte, descuidarte... Sé que no basta con decirte «Te quiero» pero mis acciones lo refuerzan.

Te demuestro que te amo cuando te alimento con comida y bebidas nutritivas.

Te demuestro que te amo manteniéndote activo a través del ejercicio que disfruto.

Te demuestro que te amo cuando renuncio a alimentos dañinos.

Te demuestro que te amo durmiendo en paz.

Te demuestro que te amo cuando elijo no recrear las enfermedades de mis padres.

Te demuestro que te amo con mis pensamientos positivos hacia a ti.

Te demuestro que te amo cuando río y soy feliz.

Te demuestro que te amo aceptándote y sintiéndome cómodo en mi piel.

¡Tú y yo somos uno con la vida! Y la vida nos ama. ¡Tú y yo somos creación de Dios! Y Dios nos bendice. ¡Estamos bien! ¡Vivimos en salud! Y seguimos gozando plenamente.

20 DE JULIO

Pregúntale a tu cuerpo: «¿qué quieres decirme con este dolor?»

Quizá esta frase te suene muy trillada: «Escucha a tu cuerpo». Pero, tu cuerpo es la «computadora» más inteligente del mundo y cada dolor en él, tiene un significado o un mensaje para ti. Sólo que, la mayoría de las veces, no nos detenemos a escucharlo. Ese dolor es como un foco rojo que te dice: «detente, hazme caso, préstame atención».

Como te explicaba anteriormente, muchas de nuestras dolencias son creadas por emociones o sentimientos tóxicos no liberados o resueltos. Por eso, ante un dolor, pregúntale a tu cuerpo: «¿Qué quieres decirme? ¿Cuál es la enseñanza? ¡Escucho con amor tus mensajes!».

Tu cuerpo y el Arcángel Rafael son tus GRANDES maestros de la salud física.

21 DE JULIO

Bebe más agua

Sí, ya sé… Estás pensando: «¿qué obvio?». Entonces, ¿por qué no lo haces? Sin embargo, este mensaje va más allá de explicarte los beneficios físicos que te da el beber agua, pues esos, ya los sabes. Estas palabras son para recordarte que el agua es también un excelente medio de comunicación con tu cuerpo. Este líquido le puede llevar información importante a tu organismo.

Al beber agua repite mentalmente alguna de estas oraciones:

Convierte este líquido en energía que me ayude a cumplir todas mis actividades exitosamente.

Abre todos mis canales para que al dormir pueda recibir los mensajes de mis Ángeles.

Hidrata cada célula, músculo y órgano.

Elimina esas emociones que sólo contaminan mi cuerpo.

Además, es la señal de que necesitas beber más agua.

22 DE JULIO

A la hora de preparar tus alimentos...

Repite:

Preparo estos alimentos con la certeza de que serán deliciosos y nu-
trirán mi cuerpo. ¡Decreto que me traerán beneficios positivos! Amo
a mi cuerpo y lo consiento con comidas saludables. Agradezco el
poder elegir y preparar mis alimentos. Amén.

23 DE JULIO

«Me das paz», uno de los mejores regalos espirituales que puedes dar y recibir

El mejor regalo que puede darme un paciente es cuando me dice: «ME DAS PAZ». ¡Palabras mágicas! ¡Energía alta! ¡Tesoro espiritual! Y si bien, te estoy poniendo un ejemplo alrededor de mi trabajo, se aplica también a la vida personal. Es decir, las personas, los lugares, los ambientes… que te dan paz… ¡AHÍ ES!

El «me das paz» debería ser uno de los más hermosos piropos. Tu ego te dirá que sacrifiques tu paz, que la pongas en venta… Pero, reflexiónalo: si algo te roba la paz, el precio es muy alto y ¡no deberías! ¿Por qué es tan valiosa una persona que te da paz? Porque significa que confías en ella, que te desea el bien, que creará un ambiente agradable para ti, que sacará lo mejor de ti, que estará para ti, que te impulsará a ser mejor persona…

El «me das paz» va cargado de buenas intenciones, una dosis de amor puro y gratitud.

24 DE JULIO

Agradece las bendiciones del cielo

Voltea al cielo y, con toda tu fe, di:

GRACIAS...
GRACIAS...
GRACIAS...
Amén

25 DE JULIO

Saborea la vida

Hoy es un buen día para recordarte que...

Lo ÚNICO URGENTE en tu agenda debe ser VIVIR
LA VIDA... SABOREARLA.

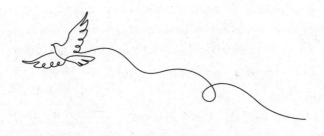

26 DE JULIO

Carta de adiós a una situación difícil

Querida situación poco fácil:

Empiezo esta carta llamándote cariñosamente «querida» porque llegaste a mi vida a enseñarme mucho. Pero tengo que ser honesto contigo, pusiste de cabeza mis emociones, dudé de mí, incluso hubo días grises llenos de lágrimas... Y fue en esa oscuridad, que me aferré a mi fe y mis Ángeles me ILUMINARON (lo escribo con mayúscula). Así que hoy te digo adiós, agarra tus maletas llenas de sentimientos negativos y vete de mi mente, cuerpo y corazón. Adiós, adiós y adiós... Hoy ya no formas parte de mis planes. Hoy me reconozco más fuerte que mis miedos. Hoy decido dejar de «medio vivir», para ¡VIVIR AL MÁXIMO! Saborear la felicidad que vive en mí. Creí que estaba solo en esta batalla, pero levanté la mano, pedí ayuda y aparecieron amigos, familiares, psicólogos... ¡Y mi poderoso ejército de Ángeles! ¡El amor lo cura todo! Me cansé de estar metido en mi cama, y hoy, volví a levantarme con una sonrisa en el rostro y cantando canciones que alegran mi alma.

27 DE JULIO

Frecuenta a personas que disfruten de vivir la vida

A poco no, hay personas con las que se siente bien vivir... Que suman a tu vida, te inyectan de energía, te resetean... Al leer estas líneas, ¿qué personas te vinieron a la mente? Pues, el mensaje de hoy, es una invitación para que llames o visites a esas personas y ¡disfrutes de su compañía!

Nota extra: también es una invitación para que tú te conviertas en esa persona para los demás.

28 DE JULIO

*Vayas a donde vayas, no olvides incluir
en tu maleta:*

Palabras de amor

    Sonrisas

        Fe

           Sueños

                Pensamientos positivos

                        Oraciones

                            Empatía

                            Confianza

29 DE JULIO

Regálate 15 minutos en silencio

Sin ruido, sin celular, sin música, sin televisión... Y te propongo 15 minutos, pero puede ser el tiempo que quieras. ¡15 minutos de *relax*! Dile a tu cuerpo, mente y corazón: «¡Descansen!». Y deja que fluyan. Respira la tranquilidad del ambiente y disfruta de esa paz. Este regalo es un gran apapacho para tu ser. El silencio es un gran maestro espiritual.

Es normal que, al principio, durante ese tiempo en silencio, tengas una revolución de pensamientos o emociones... No trates de controlarlas... ¡Deja que fluyan! De eso se trata, de que te conozcas, de que descubras el origen de esas emociones o pensamientos. Conforme te regales constantemente estos minutos en silencio podrás disfrutar más la experiencia.

30 DE JULIO

Tu decreto para hoy

«Disfruto quien soy, aplaudo mis logros… Voy por la vida sin comparaciones porque no me interesa ser el clon de nadie. Soy mi propia versión que inspira positivamente a otros».

31 DE JULIO

Adiós y gracias julio confío en mi poder sanador

«Elijo estar sano y así, enfocarme en mis metas. Mi logro este mes: ¡Empecé el proceso de reconciliarme con mi cuerpo y nos hicimos los mejores amigos! Mi medicina espiritual es el amor».

Viviste un proceso de curación… ¡Bravo! Hiciste equipo con el Arcángel Rafael y crearon magia en ti y en tus seres queridos. ¡Tu fe es GRANDE y tu energía poderosa!

¿Qué sigue? Sentirte seguro de que estás listo para enfrentar los nuevos retos que te llevarán al lugar que deseas.

Decreto: «¡Merezco salud!».

1 DE AGOSTO

*¡Bienvenido agosto! La energía de la abundancia
fluye en tu dirección*

Aunque cualquier día es ideal para poner en marcha un nuevo proyecto, el mes de agosto, ¡PROMETE MUCHO! Y es, energéticamente, perfecto para cualquier inicio: Si estás buscando trabajo, ¡lo encontrarás! Si emprendes tu propio negocio, ¡dará frutos! Si estás atravesando una crisis económica, ¡se resolverá favorablemente! Y te explico el por qué.

Agosto es el mes 8 y este número en el mundo de los Ángeles es sumamente poderoso pues significa SEGURIDAD Y ABUNDANCIA.

«Somos los Ángeles de la Abundancia y, ten la seguridad de que nada te faltará pues nosotros te proveeremos. Te ayudaremos a alinear tu energía con la energía de la Abundancia. Dios nos envió para apoyarte. Es momento de preguntarte «¿cómo puedes ayudar al prójimo?» Si tu intención es de corazón, tus necesidades materiales estarán cubiertas. Si bien la abundancia va relacionada con la economía, es mucho más que eso. Abundancia también es salud, amor, felicidad, creatividad, ideas, éxito… ESPIRITUALIDAD».

El número 8 angelical es una señal favorable y prometedora de tiempos de prosperidad y anuncia la llegada de un gran flujo de riqueza. Mantén bien puestos los ojos en tus objetivos. El mundo necesita de ti.

2 DE AGOSTO

El Arcángel Uriel, una pieza clave para la abundancia

Cuando me preguntan de abundancia, específicamente, sobre economía, inmediatamente viene a mis pensamientos el Arcángel Uriel. Su luz rojiza me envuelve y mis palabras se impregnan de su sabiduría. Es Él una pieza clave para la abundancia. Su nombre significa *Dios es luz* y, eso hará en tu vida: llenarla de luz brillante.

El Arcángel Uriel es como tu mejor amigo, que sin esperar nada a cambio, te ayuda de corazón a estudiar para un examen con el único objetivo de que te vaya bien. Es ese amigo que te presta su mejor traje para que vayas a tu entrevista de trabajo. Es ese amigo cálido que está en las buenas y en las malas.

¿Cuáles son las especialidades del Arcángel Uriel? Podría escribir un libro de eso, pero aquí te dejo algunas de las más importantes:

Es un mediador dentro de un conflicto, incluso en el trabajo.
Llena de ideas creativas tu mente.
Te guía en la creación de proyectos.
Te acerca al trabajo que sumará a tu felicidad.
Cuando quieres mejorar tu economía, pídele ayuda.
Cuando necesitas concentrarte, búscalo.
Para creer más en lo espiritual, apóyate en Él.

Y como lo leíste ayer, este mes la energía de la abundancia fluye en tu dirección y necesitas al Arcángel Uriel para aprovecharla al máximo. ¡Involúcralo ya! Comienza platicándole tus necesidades.

3 DE AGOSTO

Llegarás a donde quieras llegar

«Cariño… Soy yo, el Arcángel Uriel y por petición de Papá Dios, estoy aquí para ayudarte a materializar cada uno de tus proyectos. Con el inmenso amor que te tengo, estoy aquí para presenciar cómo disfrutarás las bendiciones que Dios ha creado para ti. ¡Llegarás a donde quieras llegar! Mi llama roja iluminará tu camino. Refúgiate entre mis alas y limpia tu energía. Siente cómo mi luz recorre tu cuerpo borrando cualquier temor sobre el presente o futuro. Concéntrate en tu fe, en tu riqueza espiritual pues son éstas las que te sostendrán, una vez, que cruces las puertas de las oportunidades. Repite conmigo: 'Que el amor, la paz y la prosperidad sean los caminos de mi nuevo comienzo'».

4 DE AGOSTO

Petición al Arcángel Uriel, el maestro en economía en la escuela celestial

Divino Arcángel Uriel: te entrego todas mis angustias económicas, entre ellas (menciona esa situación que quieres mejorar) *y te pido que elimines de mi corazón cualquier ansiedad. Confío que juntos cubriremos todas mis necesidades de acuerdo a tus riquezas celestiales. Sé que mis finanzas prosperarán en tus manos y tu sabiduría me enseñará a tomar mejores decisiones. Eres mi maestro en Economía en la escuela celestial. Tengo la disposición de aprender y mejorar. Tengo fe en ti y en mí. Hoy me reconozco como un ser abundante. No busco idolatrar el dinero, pero sí tratarlo con respeto pues es éste quien me permite cubrir mis necesidades y las de mi familia.*

5 DE AGOSTO

¿Quiénes son los Ángeles de la Abundancia?

Las personas que me conocen, saben que los Ángeles de la Abundancia están muy cerquita de mí y trabajo con ellos «hombro a hombro». Es decir, todos los días su guía está muy presente en mi vida. Y te darás cuenta porque los mensajes sobre abundancia son bastos en mis redes sociales, incluso, una de mis conferencias favoritas es acerca de este tema.

Los Ángeles de la Abundancia forman parte de un ejército celestial y su misión es conducir a cada persona a que vibre alto, para que su energía se alinee con la de la abundancia y así vivir en plenitud y prosperidad. Como te expliqué anteriormente, la abundancia no sólo se refiere al dinero, sino también al amor, salud metal, administración de tiempo, diversión, perdón, felicidad, éxito, fe... Y ellos, se encargarán de que lo entiendas. Una de las preguntas que quizá ronda tu mente es ésta: «¿Y se puede tener todo en la vida?» ¡La respuesta es sí! Puedes vivir en amor, salud y dinero en abundancia al mismo tiempo. Los Ángeles de la Abundancia te ayudarán a eliminar esas creencias limitantes y de escasez que por lo general son aprendidas en el núcleo familiar.

A mí me gusta trabajar con este ejército de seres de luz, porque son especialistas en «todos» los temas. Y no necesitas de frases rebuscadas para pedirles ayuda, basta con que, simplemente, los pienses para que ellos acudan a ti. Ojo, los Ángeles de la Abundancia también requieren de que tú pongas de tu parte para que el equipo funcione.

6 DE AGOSTO

Pero entonces, ¿a quién le pido ayuda, al Arcángel Uriel o a los Ángeles de la Abundancia?

Y la respuesta es ¡a quién te diga tu corazón! ¡Al primero que venga a tu mente! Pues es de quien necesitas la ayuda. Ahora bien, El Arcángel Uriel y los Ángeles de la Abundancia trabajan juntos.

La mayoría de las personas que inician en el mundo de los Ángeles y Arcángeles tienen la misma duda: «y si no me sé todas las especialidades de estos seres de luz y le pido al Arcángel o Ángel equivocado, ¿no me van a ayudar?» ¡Eso no pasará! Por supuesto, ¡que te van a ayudar! Te pongo un ejemplo: Imagina que todos los Ángeles y Arcángeles están sentados en las nubes del cielo, entonces tú le pides ayuda al Arcángel Miguel, por mencionar alguno, sobre tu economía. El Arcángel Miguel no va a decir: «ay no, esa no es mi especialidad. *Me voy hacer de la vista gorda*». El Arcángel Miguel canalizará amorosamente tu petición al Arcángel Uriel o a los Ángeles de la Abundancia. ¡Y trabajaran de inmediato! Todos en el cielo son un equipo que tienen el mismo objetivo: ayudarte a ser feliz. Y, por lo general, en un asunto están involucrados varios Ángeles y Arcángeles.

7 DE AGOSTO

« La abundancia material de tu vida es un reflejo de tu abundancia espiritual »

Me lo han repetido constantemente los Ángeles de la Abundancia. Y es que la espiritualidad va más allá de ir los domingos a la iglesia. ¡La espiritualidad se vive todos los días! ¡LA ESPIRITUALIDAD ES ALGO INTERIOR! Te pregunto: «¿Cómo está tu relación con Dios (en el que tu creas) o el universo?, ¿cómo están tus valores personales?, ¿en qué nivel está tu amor propio?, ¿qué onda con tu fe?, ¿cuál es tu papel en este mundo?, ¿en qué crees?».

Sé que es una lluvia de preguntas, pero no tienes nada que temer, estás aquí para aprender. Quieres una vida abundante, deja de compararte, busca hacer lo que te apasiona desde el alma, deja de victimizarte, deja de culpar a los demás, pon al servicio de las personas tus dones, participa en labores altruistas, perdona y perdónate, mantén contacto con la naturaleza, acéptate como eres, platica con Dios, incluye a los Ángeles en tus oraciones, medita, cuida lo que ves y oyes y practica yoga. Comienza poniendo en marcha algunos de estos alimentos para tu espiritualidad, pero comienza ya. Recuerda que eres merecedor de ABUNDANCIA y que te pertenece por derecho divino.

8 DE AGOSTO

10 poderosas afirmaciones para elevar tu energía de la abundancia

Repítelas todos los días. ¡Tu corazón te dirá cuando dejar de hacerlo! Puedes escribir las afirmaciones en papelitos y pegarlas en el espejo donde te arreglas todos los días. Así no se te olvidarán.

1. Yo soy ABUNDANCIA porque los Ángeles de la Abundancia viven en mí llenándome de su sabiduría celestial y soy bendecido financieramente por estos hermosos seres de luz.
2. Yo soy paz mental. Yo soy progreso. Yo soy libertad financiera.
3. Mi camino económico es saludable, mi camino amoroso está lleno de momentos felices y mi camino de la salud es perfecto.
4. El dinero me llega de todos lados y direcciones posibles. Soy un imán de abundancia.
5. Soy el favorito del universo.
6. Todo el dinero que entra a mi vida, alcanza y ¡CRECE!
7. Todos los días uso mi accesorio favorito: EL ÉXITO.
8. La abundancia está impregnada positivamente en mis manos. Mi trabajo será muy bien recompensado.
9. Abro los brazos y recibo con alegría la cascada de abundancia que derraman sobre mí los Ángeles.
10. Mi energía vibra con la prosperidad infinita.

9 DE AGOSTO

Los Ángeles eligen el cómo y el cuándo (momento perfecto) ayudarte. ¡Siempre a tu favor!

Un día, un paciente llegó muy enojado a decirme: «¿Por qué los Ángeles no me ayudaron para que no me corrieran del trabajo que tenía si sabían de mi necesidad?». Tras unos segundos de respiración para que se relajara, le pregunté: «Cuéntame, ¿qué les pediste?».

Fue entonces que me platicó que su hijo estaba muy enfermo, que requería una operación costosa y que él les había pedido dinero para poder pagar la operación y tiempo para estar con su hijo durante la recuperación. Y fue entonces que le dije: «LOS ÁNGELES CUMPLIERON SU PROMESA. Y te voy a explicar por qué y para qué. Con el dinero que te dieron de liquidación pudiste pagar la operación de tu hijo y, gracias a que ya no trabajas ahí, tuviste el tiempo para llevarlo a sus terapias de recuperación. Además, con el dinero que recibiste, has podido mantenerte todas estas semanas». Al escuchar estas palabras, los ojos de mi paciente se llenaron de lágrimas, entendió la ayuda divina, volteó al cielo y grito: «Gracias Dios Mío… Gracias Angelitos».

Los Ángeles siempre nos ayudan. Y son ellos quienes eligen el cómo y el cuándo. En ocasiones, no entendemos su cómo ni su cuándo, pero con el tiempo, sabremos que fue el camino correcto.

Seguro, te estás preguntando: «¿consiguió otro trabajo mi paciente?» y la respuesta es: «¡No sólo un trabajo, sino algo mejor!». Después de esa sesión, mi paciente empezó a trabajar con los Ángeles sobre su misión en la vida y como resultado inicio su propio negocio, el cual le da para vivir muy bien y más tiempo para convivir con su familia.

10 DE AGOSTO

Dile a tus seres queridos lo mucho que los amas

No esperes a que sea una fecha especial como sus cumpleaños, Navidad, Año Nuevo, el día de las madres o el día del papá para expresarles a tus seres queridos (amigos y familiares) lo mucho que los amas. Toma el teléfono o corre a verlos y ¡hazlo!

No te imaginas el poder de un «¡TE QUIERO!» o de un «¡TE AMO!». Has notado que cuando dices estas frases desde el corazón, sonríes de una forma especial, incluso provoca una sonrisa especial en tu ser querido; eso es dosis de amor y eleva la energía de ambos. ¡Tiene un gran poder curativo!

Si eres una persona a la que le cuesta expresar sus sentimientos, envíale a tu ser querido un mensajito o escribe en un papelito el texto y déjaselo en un lugar especial.

11 DE AGOSTO

El desorden en tu casa aleja la abundancia en todas las áreas de tu vida

El desorden en áreas específicas de tu hogar te afecta en situaciones muy específicas de tu vida. Los Ángeles de la Abundancia te pueden ayudar a poner orden y a no obstaculizar tu energía de la abundancia.

- JAMÁS UN CLÓSET DESORDENADO
  Cuando lo organizas tus conflictos internos mejoran.
- MANTÉN LIMPIA E IMPECABLE TU CAMA
  Lo contrario habla de una relación en problemas.
- PON EN ORDEN TU CUARTO
  El desorden es una terrible muralla para que la abundancia fluya en tu hogar.
- NO ACUMULES COSAS
  Amontonar cosas habla de planes confusos.
- DESHAZTE DE ARTÍCULOS ROTOS
  ¡Diles bye! ¡Deshazte de esos artículos!, pues esos artículos significan sueños olvidados.

Antes de comenzar a limpiar tu hogar, repite lo siguiente:

Queridos Ángeles de la Abundancia:

Limpio mi casa con la certeza de que todo cambiará. Denme la fuerza para romper con todas esas barreras que bloquean el flujo de la abundancia en mi hogar. Entendí que éste es un reflejo de lo que soy. Con ustedes en mi mente, recupero el orden en mi vida y abro las puertas a un presente y futuro próspero.

12 DE AGOSTO

Pídele perdón al dinero

Trata de repetir este ejercicio constantemente. Hazlo con toda tu fe y notarás cómo se desbloquean tus caminos a la abundancia.

1. Toma un billete en tus manos de la cantidad que quieras. Acerca el billete a tu corazón y repite: «Querido billete… Hoy te pido perdón por hablarte mal, por tratarte como algo sucio, por tener actitud de escasez y pobreza. Hoy elimino de mi mente cualquier barrera o limitante, pues YO SOY ABUNDANTE y los billetes se me triplican fácilmente».
2. Toma algunas monedas de la cantidad que quieras. Acércalas junto a tu corazón y repite: «Queridas monedas… Les pido perdón, perdón y perdón por hablarles mal, por tratarlas mal, por no querer llevarlas conmigo, por quejarme al recibirlas cuando me las dan después de comprar algo y por tener actitud de escasez y pobreza. Hoy elimino de mi mente cualquier barrera o limitante, pues YO SOY ABUNDANTE y las monedas se me triplican fácilmente».
3. Toma tu tarjeta de crédito o débito. Acércala a tu corazón y repite: «Queridas tarjetas… Perdón por no tratarlas con amor, con cuidado, por excederme, por incumplir con el pago, por tener actitud de escasez y pobreza. Hoy elimino de mi mente cualquier barrera o limitante, pues YO SOY ABUNDANTE y las tarjetas se pagan fácilmente».

13 DE AGOSTO

Los ángeles de la abundancia te ayudan a superar crisis financieras o a ganar el sueldo de tus sueños

Si tienes problemas para manejar tus finanzas:

1. Llena tu Cheque de la Abundancia. Enciende una vela amarilla. Pide a los Ángeles de la Abundancia que guíen tu mano. Pon la fecha: 13 de agosto y tu nombre en el espacio para éste.

    • Si tienes alguna deuda escribe su importe en número y letra.

    • Si buscas trabajo o quieres un aumento escribe la cantidad que deseas en número y letra.

    • En la línea de Ángeles de la Abundancia pon tu firma.

2. Con el cheque listo, realiza esta oración 21 días consecutivos, de preferencia a las 8:08, de la mañana o de la noche: *Amados Ángeles de la Abundancia, entrego en sus manos mis finanzas y sé que con sus consejos y guía tomaré decisiones con sabiduría. Que este cheque que les entrego sea mi pase para resolver mi situación económica y mi acceso a la abundancia. Cobíjenme con su energía que esta crisis ha alterado mi paz. Ahora sé que la abundancia soy yo, la abundancia está en mí.*

14 DE AGOSTO

Agradece tus facturas por pagar

Quizá con los ejemplos que mencione a continuación, te sientas identificado:

- Cuando llegan los estados de cuenta de las tarjetas de crédito y descubres lo que tienes que pagar… ¡TE QUEJAS!
- Cuando llega el recibo de la luz… ¡TE QUEJAS!
- Cuando llega la factura de las colegiaturas de tus hijos… ¡TE QUEJAS!
- Cuando llega el recibo del gas… ¡TE QUEJAS!
- Cuando tienes que pagar los impuestos… ¡TE QUEJAS!

Si eres esa persona que se queja cuando tiene que pagar las facturas de sus gastos… ¡Te tengo noticias! Estás obstaculizando el flujo de la energía de la abundancia en tu dirección. Imagina lo siguiente: Cada vez que te quejas, es como si estuvieras construyendo un muro entre la abundancia y tú. Esta actitud, que puede parecerte insignificante, es un golpe bajo a tu economía. DEJA DE VER LAS FACTURAS COMO ALGO NEGATIVO como si fuera un castigo.

Existe una solución y es muy sencilla: Cada vez que tengas en tus manos una factura por pagar, AGRADÉCELA, Incluso, con un plumón, escribe en la factura con letras grandes: ¡GRACIAS! Y subráyala. Posteriormente, repite: *Queridos Ángeles de la Abundancia, que este dinero regrese a mí fácilmente y multiplicado.*

Este ejercicio requiere práctica, pero si comienzas a hacer estos pagos con gratitud y amor, los canales de la abundancia se abrirán a tu favor.

15 DE AGOSTO

*Deja de tratar al dinero como algo sucio,
mejor trátalo como si fuera un ser querido*

Muchas personas han heredado las creencias de su familia sobre el dinero: «El dinero es sucio… El dinero sólo trae problemas… Maldito dinero… El dinero sólo te llevará por un mal camino… Sólo te endeudarás…» y si no rompes con esas creencias, pues, efectivamente, el universo te dará eso y a montones.

Suelta esos miedos y creencias, pues no te pertenecen. Son temores de tus padres o familiares. Mejor, cámbiate el chip y comienza a tratar el dinero como si fuera un ser querido, lo que implica hablarle con amor, tratarlo con respeto, cuidarlo…

Repítete: *Merezco disfrutar el dinero y vivir en abundancia. Merezco crecer y superar los periodos de escasez. Hoy decido ver el dinero como un amigo y aliado. Amén.*

16 DE AGOSTO

Frases como «no me alcanza mi quincena» están frenando tu economía

Sé honesto con la respuesta que me darás a esta pregunta: ¿Utilizas constantemente alguna de las siguientes frases?

«Mi quincena no me alcanza».

«Mi dinero no me rinde».

«No tengo dinero».

«No sé en qué se me va el dinero».

«En mis manos el dinero desaparece rápidamente».

«Estoy en la ruina».

«Soy un caos financiero».

Si tu respuesta fue sí, te tengo noticias: el universo toma estas frases como afirmaciones y decretos y ¿qué crees que pasa? Que el universo te da más de lo mismo. Es decir, que estas frases que usas a menudo están frenando el crecimiento de tu economía.

No te sientas culpable por haberlas utilizado, ahora ya lo sabes y puedes cambiarlas. Recurre al Arcángel Jofiel y a los Ángeles de la Abundancia para que pongan en tu boca afirmaciones positivas, por ejemplo:

Si te invitan a una algún lugar, no digas «no tengo dinero», mejor utiliza «en otro momento te acompaño».

Acerca de tu quincena, cuando la recibas di: «mi quincena me rinde, me alcanza y se triplica».

Cambia el «estoy en la ruina» por «estoy en un proceso de crecimiento y soluciones».

17 DE AGOSTO

Grábate lo siguiente: eres merecedor de los regalos divinos

A lo largo de los años, he descubierto que, una constante en las personas es que les da pena pedir dinero o ayuda económica a Dios o a los Ángeles. Las razones pueden ser muchas, pero la más común es «¿por qué los tendría que molestar con algo tan superficial?». Recuerda que Dios y los Ángeles jamás te juzgan, ni se molestan, y para ellos, es un placer ayudarte en cualquier situación. Para ellos, nada es insignificante.

Dios te ama inmensamente, es tu padre, eres su creación, te hizo a su imagen y semejanza… Imagina cómo un padre amoroso cuida a su hijo y lo protege… Pues así Dios contigo. Dios quiere que te realices en este mundo, que vivas feliz y, evidentemente, también sabe de tus necesidades materiales y te proveerá para que nada te falte. Así que vive sabiendo que eres merecedor de los regalos divinos, eres merecedor de la abundancia celestial y eres merecedor de las bendiciones del cielo. De ahí, el poder de la frase: «Este dinero me cayó del cielo».

18 DE AGOSTO

Hoy es el momento de abrir los brazos a la abundancia

Hoy decido con toda mi fe y con la ayuda de la llama roja del Arcángel Uriel quemar cualquier lazo que me una con esos votos de pobreza que haya hecho consciente o inconscientemente en mi pasado.

Hoy mis pensamientos se enfocan en mi prosperidad.

Hoy mi frecuencia y la frecuencia de la abundancia son una misma.

Hoy mi energía es alta y mi luz brilla intensamente en amor, salud, espiritualidad dinero, felicidad, éxito, creatividad, bondad, honestidad y humildad.

Hoy creo que la abundancia me rodea y mis ojos ven riqueza.

Hoy me siento exitoso.

Hoy entrego mis deudas a los Ángeles de la Abundancia y al Arcángel Uriel para que juntos formemos un equipo y lo resolvamos positivamente.

Hoy soy consciente que soy autosuficiente.

Hoy reconozco que en mi naturaleza está ser un imán de abundancia en todos los sentidos.

Hoy soy amor capaz de repartir y recibir amor.

Hoy soy abundante capaz de multiplicar mi economía y compartirla.

Hoy soy un hombre saludable.

Hoy soy un ser feliz y esta felicidad contagia.

Hoy agradezco lo que tengo y las bendiciones que estoy viviendo.

19 DE AGOSTO

¡Sí, tú puedes!

Cuando le preguntas a los Ángeles: «¿No sé cómo voy a poder?». Tus Ángeles de la Guarda, te contestan: «*Nosotros te abriremos el camino y te sostendremos durante todo el proceso. No tienes nada que temer. Estamos aquí para ayudarte*».

En esos momentos en donde te sientes vulnerable y donde todos te dicen: «No eres capaz… No lo vas a lograr… ¿Para qué te esfuerzas? ¡Ay, pobrecito!, míralo…». Voltea al cielo y pídele ayuda a tus Ángeles de la Guarda con toda tu fe y notarás, de inmediato, cómo tu cuerpo comienza a llenarse de una energía especial y tomas una mejor postura o, quizá recibas una llamada inesperada que te alegra o simplemente te dan ganas de arreglarte y verte lindo.

Los Ángeles te ayudarán a lograr eso que quizá en tu mente, parece imposible. Cuántas veces has pensado que no podías más y pudiste muchísimo más. Eso se llama actitud ante la vida.

20 DE AGOSTO

Comienza el día agradeciendo... y termina el día agradeciendo...

Constantemente, te he repetido que el AGRADECIMIENTO es un imán de ABUNDANCIA. Además, has notado que después de que agradeces, sonríes automáticamente, sientes paz y hasta suspiras. Sí, la gratitud mueve muchas emociones y eleva tu energía. Cuando inicias el día agradeciendo, le estás diciendo a Dios, a los Ángeles o al Universo: *«estoy contento con lo que tengo»* y, el cielo divino, lo toma como un «está listo para recibir más». Es así, como estos seres de luz, incluso el universo, comienzan a derramar abundancia en todas las áreas de tu vida.

La abundancia no sólo es economía, también son momentos de alegría, salud perfecta, amor propio, amor en pareja, amor familiar, éxito, misión de vida... por mencionar sólo algunos ejemplos. Lo mismo sucede cuando terminas el día agradeciendo.

¿Y si no tengo algo que agradecer antes de que termine el día? Te cuento, tan sólo el hecho de que puedas dormir en una cama es motivo de agradecimiento. GRATITUD = ABUNDANCIA.

21 DE AGOSTO

Regala tu primer sueldo a tus papás y reactiva tu abundancia

En la mayoría de los hogares, los papás han hecho todo por el bienestar de sus hijos y desean, con amor puro, que sean felices. Apoyan sus sueños, aplauden sus triunfos, limpian sus lágrimas, aconsejan, disfrutan su crecimiento... Así que, al regalarles tu primer sueldo, desde ese amor puro, les estás agradeciendo y, al mismo tiempo, consciente o inconscientemente, reactivando el flujo de la energía de la abundancia hacia ti y girando a tu alrededor.

Este tip de abundancia yo lo he hecho en repetidas ocasiones y es muy efectivo. La clave es hacerlo sin culpa, remordimiento, sin quejas o dudándolo, sino al contrario, con todo tu amor. Realiza este ejercicio cada vez que cambies de trabajo o el aumento sea considerable. Tu corazón será tu mejor guía.

Si tus papás ya están en el cielo, utiliza ese primer sueldo para regalarles flores o para realizar alguna actividad que hacían juntos y que te recuerda a ellos. También puedes comprarte eso que siempre te sugirieron tus papás y nunca les hiciste caso.

22 DE AGOSTO

Aprende a recibir y abrirás las puertas de la abundancia

Ay, cómo te encanta hacerte del rogar cuando alguien te ofrece ayuda o te regala algo… te sientes incómodo, te «mueres» de la pena, sientes que no lo mereces… Y la mayoría de las veces te niegas a recibirlo. Esta actitud es un terrible golpe a tu abundancia.

Cuando un ser querido, de la nada, te de un obsequio… ¡ACÉPTALO!

Cuando un compañero se ofrezca a ayudarte en una tarea específica… ¡ACEPTA!

Cuando tu mamá o tu papá, sorpresivamente, te den un dinerito de corazón… ¡ACÉPTALO!

Cuando un conocido se ofrezca a pagarte la cuenta… ¡ACÉPTALO!

Cuando te inviten un café o la comida… ¡ACEPTA!

Importante: siempre y cuando esta ayuda o regalo venga de un ser querido, compañero, conocido y no te ponga en riesgo.

Al RECIBIR con cariño, le estás diciendo a la vida: «merezco más de esto» y la energía de la abundancia fluirá hacia ti y a través de ti. Pues tus puertas estarán abiertas. Agradece los regalos y disfrútalos. Ahora ya lo sabes: DATE PERMISO DE RECIBIR. Dar y recibir van de la mano y se necesita de ambos para que la energía de la abundancia gire en torno a tu vida.

23 DE AGOSTO

Conecta con el elemento agua

Receta médica celestial: Camina cerca de un río, lago o playa ur-gen-te-men-te.

A estas alturas de la vida, eso es lo que necesitas. El elemento agua te ayudará a poner orden en tu interior, le dará equilibrio a tu vida, te permitirá reflexionar y encontrar respuestas. El agua tiene un efecto limpiador eliminando residuos que sólo te contaminan como estrés o angustia. Deja que el correr del agua se lleve lo viejo y una recarga con energía de la naturaleza te caerá muy bien. Además, el agua es un excelente medio de comunicación. Ahí frente al río, lago o mar es cuando conectas con el creador. ¿Cuánto tiempo necesitas estar en contacto con este elemento? ¡Tu mente y corazón te lo dirán!

24 DE AGOSTO

Rodéate de personas positivas, que sumen a tu vida

En algunas de mis conferencias, he platicado la siguiente historia que viví: Hace unos años, una compañera se acercó a mí para proponerme ser socias de un negocio. Así que le pedí ayuda a mis Ángeles de la Guarda para que me dijeran si era correcto hacerlo. Cuando acudí a la cita para que me explicara de qué se trataba, esta persona durante toda la reunión utilizó frases como: «No sé si vaya a funcionar, no sé si vaya a pegar, lo estoy dudando, no confío en que pueda lograrlo, no estoy segura, es mucho riesgo, es mucho trabajo»… como anunciando un fracaso.

¡Ella estaba iniciando el proyecto derrotada! En ningún momento la escuché enamorada o positiva de la propuesta, ni resaltando los objetivos ni lo mucho que la llenaba este plan. Así que la señal era clara, no era la persona con la que tenía que asociarme ni el proyecto ideal. Yo le dije con todo mi amor que NO.

Y si bien te puse un ejemplo laboral, aplica para todo en la vida. Es decir, rodéate de personas que confíen en sí mismas, que estén enamoradas de lo que hacen, que aplaudan el éxito de los demás, que sonrían, que suspiren, que sean creativas, que alimenten su espiritualidad… lo mismo pasa con los proyectos, involúcrate con los que te llenen de vida.

25 DE AGOSTO

Todo lo que quieres requiere de acción...
¡Y de hacerlo con amor!

Si estás leyendo este mensaje, es la clara señal de que tienes que dar un paso más hacia tus sueños. ¡Acción! ¡Avanza! Y hazlo sin miedo. ¡Estás protegido e iluminado por la corte celestial y ten la certeza de que los Ángeles caminarán junto a ti en todo el proceso! De hecho, estas palabras son «porras» y palabras de aliento de tus Ángeles de la Guarda. Tomar acción significa, a veces, salir de tu zona de confort, pero vale la pena. Estamos hablando de tus sueños, imagínate lo importante que es eso y en ti está dejarlos para después o que hoy sea un día para realizarlos.

Repite esto constantemente:

«Confío en mis talentos y capacidades. Mis ideas son creativas y crean crecimiento. Para mí es un placer compartir con el mundo mis dones. No presto oídos a las inseguridades o a la escasez, por el contrario, me acepto como ser abundante».

26 DE AGOSTO

Hoy me permito poner una sonrisa en mi rostro

Y todas las puertas se me abrirán.

Y sé que estaré lleno de momentos inolvidables.

Y mi sonrisa contagiará.

Y mi luz tendrá un brillo especial.

Y mi energía aumentará.

Y disfrutaré mis actividades.

Y esa sonrisa me llevará a las carcajadas.

Y despertará a mi niño interior.

Y me subiré a un columpio.

Y el mundo me regresará una sonrisa.

Y la vida me sabrá deliciosa.

Y mi interior se llenará de alegría.

Y seré un imán de cosas positivas.

Y veré la belleza en todo lo que me rodea.

Y CON UNA SONRISA SEGUIRÉ A DIOS Y A LOS ÁNGELES.

27 DE AGOSTO

Salud en abundancia

Milagroso Arcángel Rafael, el Arcángel doctor y especialista en la salud:

Rocíame con tu luz verde esmeralda para que esas gotitas de energía entren a mi cuerpo y recorran cada una de mis células poniendo en equilibrio mi cuerpo, mi mente y mi alma. Porque al estar en armonía con estos tres ingredientes de mi ser, estoy en mi estado más puro. Estar sano es parte de mi esencia. Y de tu mano Arcángel Rafael vivo mi salud en abundancia. Y así como a mí, rocía a mis seres queridos y a cada ser humano para protegerlos de cualquier enfermedad. Y a los que ya están enfermos ayúdalos a recobrar la salud.

Amén.

28 DE AGOSTO

Dinero en abundancia

Amados Ángeles de la Abundancia y Arcángel Uriel, mi equipo celestial:

Les pido con toda mi fe que el dinero nunca falte en mis bolsillos, ni en mi hogar. Denme la fuerza necesaria para que, con mi trabajo, genere una economía saludable que me permita cubrir mis necesidades y gozar de la vida. También te pido la sabiduría para utilizar el dinero correctamente, compartirlo con mis seres queridos y multiplicarlo. ¡Estar en un constante crecimiento! Permitan que mi energía abundante también contagie a los demás. Hoy sé que el dar, recibir y agradecer son los ingredientes para manifestar abundancia. Les pido que también rocíen de prosperidad todos los hogares del mundo.

Amén.

29 DE AGOSTO

Amor en abundancia

Divino Arcángel Chamuel, especialista en temas del Amor:

Estoy seguro que me escuchas junto a tu ejército de querubines y cupidos. Derrama sobre mí cascadas de AMOR en todas sus presentaciones: amor propio, amor de pareja, amor familiar, amor celestial, amor por la naturaleza, amor universal... Permíteme ver con ojos de amor todo lo que me rodea, que mis pensamientos sean creados desde el amor y déjame sembrar amor en todo lo que toque. Necesito de ti, de tus consejos, de tu guía, de tu luz tocando cada una de mis células llenándolas de amor. Me siento muy feliz de que formes parte de mi vida y me acompañes en mi misión en este mundo. Querido Arcángel Chamuel, lleva amor a cada ser humano, para que este sea el poder que gobierne al mundo.

Amén.

30 DE AGOSTO

Abundancia espiritual

Queridos Ángeles de la Abundancia y Arcángel Zadquiel:

Gracias a ustedes valoro mi tesoro espiritual. Lo cuido, lo nutro y lo protejo. Les pido que sigan siendo ese puente de comunicación que me mantiene unido con el creador. En esos momentos que sienta que tambaleo recuérdenme esos valores espirituales tan importantes: la fe, la armonía, la verdad, la caridad y la esperanza. No me suelten, estoy en un despertar espiritual y mi alma necesita ser liberada de cargas pesadas. Mi interior quiere vivir en abundancia espiritual y junto a ustedes así es y así será.

Amén.

31 DE AGOSTO

¡Adiós y gracias agosto! Puedes llevar tu abundancia al nivel que deseas

¡Mereces un minuto de aplausos! Trabajaste muy bien y agosto, estuvo lleno de frutos. ¡Aprendiste demasiado! Eliminaste falsas creencias, alimentaste actitudes positivas y tu abundancia comenzó a florecer. Encontraste amor en lo que haces y eso se llama éxito. Lleva tus manos cerca tu corazón y repite esta oración:

Vivo en amor, vivo en salud, vivo en abundancia, vivo amando mi espiritualidad, lo cual fortalece mi vida. Si bien, aún falta camino por recorrer, hoy, estoy seguro que puedo llevar mi abundancia al nivel que deseo. Estoy en un proceso de evolución a una mejor versión de mí. Estoy en una mejor posición de cuando comencé el mes de agosto. Gracias, gracias, gracias Arcángel Uriel y Ángeles de la Abundancia por tanto amor.

Decreto: «Soy un imán de Abundancia».

1 DE SEPTIEMBRE

¡Bienvenido septiembre! ¡Te toca a ti ponerte la pilas!

Un mes clave para cerrar el año por todo lo alto. Lo que actives hoy, será decisivo para tu éxito. Mes 9, un número muy especial en el mundo de los Ángeles, el cual requiere de tu colaboración y compromiso.

Tus Ángeles te dicen: «*Ya cumpliste todos los requisitos, ya te abrimos las puertas, ya despejamos tu camino, ya alimentamos tu ser, ya iluminamos tu vida… ahora te toca a ti, entrar en acción, ponerte las pilas, comenzar a dar esos pasos en todas las áreas de tu vida, concentrarte en tus objetivos y, este trabajo, también incluye avanzar en tu propósito divino. Seguiremos guiando tus decisiones, echándote porras, aplaudiendo tus logros, ¡CONTIGO, SOMOS EL MEJOR EQUIPO!*». Este mes, el Arcángel Miguel y tu serán la mancuerna perfecta. El Arcángel Miguel será una especie de reloj despertador en tu vida que te dirá: «*¡Levántate! ¡Despierta ya! ¡Muévete! ¡Avanza!*»

2 DE SEPTIEMBRE

¡Querido Arcángel Miguel: te amo!

El nombre del Arcángel Miguel significa «*El que es como Dios*». Su posición en el mundo celestial es de suma importancia: es el capitán del ejército de los Ángeles. ¡Es valiente! ¡Es estratega! ¡Es creativo! Es como ese maestro que siempre tiene el consejo motivador. Como ese amigo con el que puedes pasar horas platicando y que siempre está junto a ti apoyándote en las buenas y en las malas. ¡Ese amigo que te ayuda a resolver!

Dios le dio una tarea de suma importancia: protegerte a ti y a tu familia y guiarte en tu misión de vida. El Arcángel Miguel posee una poderosa espada capaz de cortar energías tóxicas, miedos, ataduras al pasado, estrés… todo aquello que no te deje avanzar. Cuando te sientes perdido en la vida, Él te enseñará el camino. Este ser de luz es un gran orientador. ¡No dejará que tires la toalla a la hora de avanzar hacia tus metas! ¡Te inyectará una dosis de fuerza extra! Te enseñará a ir por la vida con la frente en alto. El Arcángel Miguel es ese chico popular con buen corazón de la escuela celestial.

INCLÚYELO EN TU ORACIONES.

3 DE SEPTIEMBRE

Arcángel Miguel contra el estrés

Si tú o algún ser querido atraviesan por un período de estrés, reza esta oración al Arcángel Miguel. Es importante que incluyas tu nombre o el de esa persona querida.

Valiente Arcángel Miguel:

Te pido con toda mi fe que tu poderosa luz brillante se vuelva el oxígeno de todas aquellas personas que sienten que se «ahogan» en sus problemas. Que tu luz entre a sus cuerpos para liberarlos de los efectos tóxicos del estrés, del enojo o frustración. ¡Dales una gran dosis de fuerza y encamínalos! Confío en tu sabiduría celestial, en tus soluciones divinas y en tu valentía. De tu mano no hay nada que temer.

4 DE SEPTIEMBRE

¿Eres esclavo de tus cómodas rutinas?

¿Quieres mejorar tu situación económica? Pero sigues haciendo lo mismo… ¿Quieres vivir un noviazgo hermoso? Pero sigues buscando parejas donde mismo… ¿Quieres mejorar tu salud? Pero te aferras a los mismos hábitos… ¡Te refugias en tu zona de confort! ¡Eres esclavo de tus cómodas rutinas! Y aclaro: estar en una zona de confort no es negativo. Sin embargo, si quieres experimentar cambios y avances tienes que salir de ahí. ¡TOMAR DECISIONES! Y no me refiero a decisiones drásticas.

El Arcángel Miguel te dice: «*El universo tiene para ti un número ilimitado de opciones que están frente a ti y listas para que las tomes. ¡Siéntete bendecido! Yo estaré junto a ti, guiándote con sabiduría y amor, y acompañándote en la exploración de nuevos caminos, los cuales te llevarán a cumplir tu misión en la vida. Esos cambios te llevarán a un crecimiento positivo. Consulta a tu corazón, esa corazonada es mi guía. No hay nada que temer pues estás protegido por mí y por el ejército celestial*».

5 DE SEPTIEMBRE

Reinvéntate

Reinventarte no quiere decir que esté mal ser como eres… No, no, no… Es hacer un alto y reflexionar: «¿qué de ti, te funciona?». ¡Y quedártelo! «¿Qué actitudes de ti, te causan daño?». ¡Y soltarlas! «¿Qué necesito para sumar a mi felicidad?». ¡Y agregarlas! Es una especie de détox interior que dará como resultado una mejor versión de ti. En la vida estamos en un constante cambio, sólo que, en ocasiones, no estamos conscientes de ellos. Y por eso, eres preso de los temores. Una de las barreras por la cual una persona no puede llegar a transformarse en quien quiere ser es porque está aferrada en exceso a quien fue. Cuando eres consciente de que necesitas reinventarte y haces una exploración de tu interior, ¡los resultados son maravillosos!

6 DE SEPTIEMBRE

Para alejar las malas vibras

Un tip muy sencillo: carga en tu bolsa un cuarzo blanco en forma de pico. ¡No importa el tamaño! Tiene el poder de purificar y limpiar las energías, asegúrate que sea en forma de pico para que corte cualquier mala vibra.

7 DE SEPTIEMBRE

Ante las señales de los Ángeles,
no busques tanta explicación...
¡disfrútalas!

Si te encuentras una pluma de la nada, no trates de buscar una explicación de cómo llegó ahí, mejor disfruta su significado: los Ángeles quieren que sepas que están junto a ti. Y así, todas sus señales, en lugar de tratar de explicarlas científicamente, mejor disfruta la paz y el amor que te transmiten.

8 DE SEPTIEMBRE

En el mundo de los Ángeles cabemos todos

Así es, no importa la religión que profeses, tu orientación sexual, tu nacionalidad, tu status social, la cantidad de dinero que tengas en el banco, tu edad, si te equivocaste en el pasado, si has estado alejado de tu parte espiritual, si eres primerizo en el mundo de los Ángeles, si crees poquito en estos seres de luz… ¡LOS ÁNGELES SIEMPRE TE VAN AYUDAR! ¡Los Ángeles acudirán a tu llamado! ¡Los Ángeles abrirán sus alas para abrazarte! ¡Los Ángeles caminarán junto a ti!

9 DE SEPTIEMBRE

El Arcángel Miguel te presta sus alas para que vueles alto

El miedo es una trampa creada por tu ego que empaña tus sueños y te aleja de tus sueños. ¡Te paraliza y no te deja avanzar! Sin embargo, cuando le pides ayuda al Arcángel Miguel, este ser de luz levanta su espada brillante y, con todo su poder, corta de tu vida todo aquello que no te deja crecer, avanzar, volar... incluido esos miedos. Te recuerda que tu alma está en conexión con Dios, por lo tanto, no hay nada que temer. El Arcángel Miguel, de corazón bondadoso, te dará esa libertad de poder hacer todo aquello que deseas y, además, como quiere verte realizado, te prestará sus alas para que vueles alto. No pidas permiso para poder volar, el cielo es libre y tú puedes llegar hasta donde te lo propongas.

10 DE SEPTIEMBRE

Carta al miedo

Querido Miedo:

A través de estás palabras de amor, quiero decirte que lo que hay entre tú y yo ¡ya fue suficiente! ¡Se acabó esta relación! Estoy cansado de que seas un obstáculo en mi crecimiento, de auto sabotearme, de robarme la energía, de crearme inseguridades... ¡No quiero pasar más tiempo contigo! En las últimas semanas, conocí el amor por mí y descubrí que soy más fuerte y grande que tú. Además, han llegado a mi vida otros, sí, otros que suman a mi felicidad y se llaman: confianza, amor propio y fe.

Gracias por enseñarme lo que no quiero.

Y adiós... ¡Te dejo ir!

11 DE SEPTIEMBRE

Enfócate en tus sueños y no te detengas por el qué dirán

He sido testigo de cómo muchas personas abandonan sus sueños por el famoso: «¿Y qué va a decir la gente?». Sin temor a equivocarme es uno de los miedos primordiales «mata sueños» del mundo. Cuando tu vida depende del qué dirán, te tengo noticias, vivirás infeliz e insatisfecho, porque, en realidad, estás otorgándole a los demás el control de tus decisiones y estados de ánimo. Y eso, es un alto precio, ¿no lo crees? Y en un futuro lo lamentarás diciéndote por qué no lo hice.

Sí, ya sé que vivimos en un mundo donde todos opinan, pero esas opiniones no deben frenarte, ni te definen. Sólo aquellas que valgan la pena, escúchalas, aprende de ellas y sigue tu camino siendo tú y abrazando tus sueños, no lo que otros quieren que seas para encajar. Si sientes que estás en una posición así, recurre al Arcángel Miguel, quien te dará ese empujoncito que necesitas, te alejará de esos ladroncillos de sueños y aumentará la confianza en ti mismo para que sigas avanzando hacia tus metas.

12 DE SEPTIEMBRE

Tus Ángeles de la Guarda te quieren decir:
« ¡Te amamos como eres! »

«Cariño, así como eres, eres hermoso, perfecto ante nuestros ojos... Nos gusta verte sin filtros o sin intentar ser alguien más... Te has puesto a pensar, que muy cerca de ti, hay alguien buscando lo que tú eres... Admirándote realmente como eres... Inspirándolo con tu esencia... Contagiándolo con tu brillo... ¡El mundo te necesita fiel a ti! ¡Te amamos como eres!».

Y este hermoso mensaje aplica para familiares, amigos, parejas y compañeros.

13 DE SEPTIEMBRE

¡Tu edad no es tu enemiga!

«¿Ya estoy demasiado viejo para empezar de cero?, ¿ya no tengo edad para aquello?, ¿eso déjaselo a los jóvenes?», son excusas alarmantes, que escucho del público en mis conferencias o de pacientes, a la hora de trabajar en sus sueños o llegar a la meta. ¡Como si la edad fuera el enemigo! ¡Como si ya no sirvieras! ¡Como si te abandonaras! Y lo digo con todo mi corazón: «Nunca es tarde, siempre es temprano para hacerlo... ¡TÚ PUEDES!, ¡eres capaz! Tienes talento, experiencia y un ejército de Ángeles que te respalda. ¡Lánzate! ¿Qué puede salir mal?».

Haz equipo con el Arcángel Miguel quien eliminará esas imaginarias limitantes que te has auto creado y con el Arcángel Chamuel para que te ayude a sentirte cómodo y feliz con tu edad.

14 DE SEPTIEMBRE

Reconcíliate con tu edad

Hoy decido reconciliarme con mi edad.

¡Elijo vivir la vida al máximo!

Me reconozco como un ser capaz y pleno.

Entrego al Arcángel Miguel esas creencias precarias sobre la edad.

Aplaudo mi experiencia, aplaudo mi sabiduría y aplaudo mi inteligencia emocional.

Mi cuerpo está sano y lleno de energía y listo para nuevas aventuras.

Con ayuda del Arcángel Chamuel, me veo al espejo y me veo con ojos de amor: ¡soy atractivo!

Me siento joven y productivo.

Hago equipo con mi niño interior y ¡sigo riendo!

Mi luz contagia a todo aquel que se cruza en mi camino. ¡Me respetan!

Vivo en éxito y rodeado de abundancia.

Me siento cómodo en mi piel.

Mis años son mi tesoro y mi historia, y me siento muy orgulloso de ellos.

¡HOY ESTOY EN PAZ!

15 DE SEPTIEMBRE

Pequeños cambios que pueden darte grandes resultados

- Inicia el día agradeciendo una cosa y termina el día agradeciendo otra cosa.
- Medita 10 minutos.
- Incluye en tus oraciones a tus Ángeles de la Guarda.
- Camina 15 minutos (un breve paseo).
- Háblate con palabras de amor.
- Mírate en el espejo con ojos de amor.
- Cuida lo que ves, lees y oyes.
- Escribe cómo te sientes en tu diario angelical.
- Ríete.
- Come sano y practica algún deporte.

Nota importante: No tienes que hacerlos todos al mismo tiempo, comienza con algunos.

16 DE SEPTIEMBRE

¡Está bien decir que no!

Uno de los mensajes más importantes que he recibido del Arcángel Miguel es: *«No tienes que enfrentar todas las «batallas», sé selectiva… Estoy aquí para ayudarte a elegirlas».*

Y cuando hablo de batallas, no me refiero a pleitos, sino que es una manera poética de llamar a las situaciones de la vida. Por eso, la importancia de aprender a poner límites y a decir que NO. Para muchos el NO es algo negativo, pero para el universo es una llave que abre las puertas a nuevas oportunidades. Y es que, a través de años de caminar de la mano de los Ángeles, he aprendido que muchas de las cosas que se te presentan en la vida no son para ti, son sólo pruebas para enseñarte a decir NO Y ES NO.

Estoy segura que muchas veces te has preguntado: «¿Por qué siempre me pasa lo mismo?, ¿por qué siempre elijo el mismo tipo de relaciones?, ¿por qué siempre me corren de los trabajos?», por mencionar algunos ejemplos y la respuesta es: porque no has aprendido la lección, porque no has aprendido a poner límites, porque no has elegido tus batallas y porque, muchas veces, por pena, no sabes decir que NO.

17 DE SEPTIEMBRE

Los Ángeles te ayudan a tomar decisiones

Tomes la decisión que tomes, tus Ángeles de la Guarda JAMÁS te juzgarán. Incluso, si te equivocas o fracasas, ellos serán los primeros en levantarte, abrazarte, limpiarte las lágrimas… ¡No dejarán que te derrumbes! Al contrario, te enseñarán lo que aprendiste. Y si triunfas, serán los primeros en aplaudirte.

Estos seres de luz son felices viéndote feliz. Por eso, es importante, que antes de tomar una decisión, involucres a tus Ángeles en tus planes (recuerda que ellos respetan tu libre albedrío y necesitan de tu permiso para ayudarte) y estos te dirán qué caminos te conviene transitar y cuales ya no van contigo o te alejan de tu misión en la vida. Es muy fácil pedirles ayuda, puedes comenzar así:

Mis angelitos de la Guarda guíenme (y mencionas tu situación)
y que sus mensajes sean muy claros para que pueda entenderlos.

18 DE SEPTIEMBRE

Suelta las heridas del pasado

Un error muy común es creer que las heridas del pasado sanarán solas, si bien has aprendido a sobrevivir (no es lo mismo que vivir) con ellas, no quiere decir que hayan desaparecido. Estas heridas te han creado muros, muchos de ellos inconscientemente, deteniendo tu crecimiento en diferentes áreas de tu vida. Y créeme, esos muros no se caerán solos. ¡Necesitas valentía! ¡Atreverte a destruirlos! ¡Soltar el pasado! ¡No aferrarte! ¡Exterminar las creencias precarias! Claro, para que suceda, se requiere de un proceso en donde tendrás que involucrar a los Arcángeles Miguel y Zadquiel, donde necesitarás sumergirte en el perdón y alimentar tu amor propio. Pero te digo con el corazón: «Hoy eres una persona con mayor sabiduría, experiencia, talentos y herramientas que harán el trabajo de sanación más fácil».

19 DE SEPTIEMBRE

¡Feliz cumpleaños a mí! ¡Lo celebro con mis Ángeles!

Me gusta iniciar el día de mi cumpleaños AGRADECIENDO y tengo muchos motivos para hacerlo. Y recibo el mejor regalo: el abrazo de mi familia (mis hijos y mi esposo). ¡Me llenan de energía! Este mismo día, también me doy un tiempo para festejar con mis Ángeles y Arcángeles a través de la MEDITACIÓN. Estos seres de luz también quieren consentirme. Me gusta meditar en un ambiente acogedor prendiendo velas, liberando aromas agradables y poniendo música linda. Durante la meditación, en ese momento de silencio y paz, hago mis peticiones y recibo sus regalos celestiales (mensajes). ¡Me siento tan bendecida! Y es que el día de tu cumpleaños, tu energía se eleva (por las grandes dosis de felicidad que te invaden) y las puertas de cielo y el universo se abren favoreciéndote. Tus sentidos se sensibilizan permitiéndote percibir y transmitir con mayor facilidad.

Ese día, antes de irme a dormir, me gusta hacer el siguiente ritual:

1. Prendo una velita del deseo color blanca pidiendo por algo personal.
2. Prendo una velita del deseo color verde pidiendo por mi salud.
3. Prendo una velita del deseo color blanca pidiendo por algo profesional.
4. Y mientras veo consumirse la vela, me imagino que mis Ángeles de la Guarda me rodean cantándome las mañanitas.

20 DE SEPTIEMBRE

5 decretos o peticiones para el día de tu cumpleaños

El día de tu cumpleaños, es quizá, el día más poderoso energéticamente para ti. Ese día, el Arcángel Gabriel vuelve a tomarte entre sus brazos como lo hizo en el momento en que naciste y te pregunta: *«¿qué necesitas en este nuevo año de vida que inicias?»*. ¡Hermoso!, ¿verdad? Y los Ángeles, en el cielo, están felices y esperando que los incluyas en tus planes, a través de tus peticiones. Comparo a los Ángeles de la Guarda como esos mejores amigos que te conocen perfectamente bien y que llegan a tu fiesta de cumpleaños con el regalo perfecto, eso que necesitas en tu vida.

Volviendo a la pregunta del Arcángel Gabriel: *«¿qué necesitas en este nuevo año de vida que inicias?»*, te sugiero escribir en 5 papelitos, 5 peticiones o decretos sobre lo que necesitas. Escríbelos en presente como si ya los estuvieras viviendo. Después pégalos en el espejo donde te arreglas.

Algunos ejemplos:

1. Vivo en salud y lleno de energía.
2. Soy exitoso en mi trabajo y me genera los ingresos deseados.
3. Vivo junto al amor de mi vida, enamorado y en constante, crecimiento juntos.
4. Estoy bendecido por los Ángeles.
5. En mi hogar se respira armonía.

21 DE SEPTIEMBRE

¿Qué hacer cuando un cuarzo o la figura de un Ángel se rompe?

Cuando un cuarzo se me rompe, me gusta regresarlo a la naturaleza enterrándolo en mi jardín o en una maceta. Me gusta agradecerle así: *Querida Madre Naturaleza agradezco la energía que este cuarzo sumó a mi vida, hoy lo regreso a ti, a su origen… Gracias, gracias, gracias.*

Cuando la figura de un Ángel o Arcángel se me rompe, lo envuelvo en una toalla y le agradezco, por ejemplo: *Querido Arcángel Miguel: gracias por proteger mi hogar y llenarlo de sabiduría divina, hoy esta figura que te representa saldrá de mi casa, pero tu luz seguirá viviendo aquí… Gracias, gracias, gracias.* Y tiro la figura.

Muchas personas creen que cuando se rompe un cuarzo o una figura de algún Ángel es el presagio de algo negativo (eso sólo lo has aprendido de las películas de terror). ¡Lo cual es mentira! Simplemente cumplieron su misión junto a ti y los puedes reemplazar por otros.

22 DE SEPTIEMBRE

El Arcángel Miguel responde tus dudas

«Cariño mío, aquí en el cielo conocemos tus dudas y estoy aquí para decirte que SÍ alcanzarás tus sueños, SÍ llegará el amor, SÍ vivirás feliz, SÍ serás un ser saludable y SÍ disfrutarás de la Abundancia. ¡Confía en mis promesas! ¿Qué necesitas hacer tú? ¡Poner de tu parte! ¡Entrar en acción! ¡Explotar tus talentos! ¡Mantener la fe! ¡Soltar lo que no te suma! Las cosas no suceden solas, tenemos que trabajar en equipo. Tu brújula a la hora de tomar decisiones será el AMOR».

23 DE SEPTIEMBRE

Al empezar el día...

1. En cuanto abras los ojos, agradece: *Gracias por la oportunidad de disfrutar un nuevo día.*
2. Incluye a tus Ángeles desde el principio de tus actividades diarias: *Angelitos de mi Guarda guíenme, protéjanme, acompáñenme, sean mi luz.*
3. Toma medio vaso de agua para que este líquido comunique a cada célula de tu cuerpo que necesita estar al 100 por ciento.
4. Siente el poder de tu respiración.
5. Siéntete poderoso, tu interior está en equilibrio.
6. Confía en el poder de tu voz.
7. Proponte mirar con ojos de amor todo lo que te rodea.
8. Mírate al espejo y repite: «Te quiero y confío en ti».

24 DE SEPTIEMBRE

Está bien

ESTÁ BIEN... Pedir ayuda.

ESTÁ BIEN... Tener días malos.

ESTÁ BIEN... Decir que NO.

ESTÁ BIEN... No saber cuál es tu misión en la vida.

ESTÁ BIEN... No saberlo todo.

ESTÁ BIEN... Sentir que no puedes, por momentos, con el mundo.

ESTÁ BIEN... Hacer una pausa.

ESTÁ BIEN... Si necesitas desahogarte.

Recuerda que TÚ ERES MÁS que un mal momento.

Recuerda que todo pasa.

Recuerda que Los Ángeles te ayudan a sanar cualquier herida.

Recuerda que Dios te abre sus brazos para llenarte de amor.

¡Refúgiate en Él!

25 DE SEPTIEMBRE

El tiempo trabaja a tu favor

Constantemente escucho a las personas quejarse: «¡El tiempo no me alcanza!». ¿Y qué crees? El universo lo toma como un decreto y efectivamente, el tiempo no te alcanza. Frente a tu «acelere» en la vida, el tiempo se acelera y no te rinde. Y no me refiero únicamente a compromisos de trabajo, sino también a tus asuntos personales como divertirte con tus hijos.

Y lo que tienes que saber es que el tiempo no es tu enemigo, es tu aliado… ¡TRABAJA A TU FAVOR! Si tú le dices al universo o a la vida: «Siempre tengo tiempo para realizar todas mis actividades…», ¡el tiempo te rendirá! Porque tu actitud cambia, te relajas y el tiempo pareciera avanzar más lento. Sólo es cuestión de cambiar tus afirmaciones de negativas a positivas. Incluso, tus Ángeles de la Guarda, te pueden ayudar a liberar tu agenda para que realices tus actividades con calidad.

26 DE SEPTIEMBRE

Trabajo y tiempo de calidad, la combinación perfecta

Nos han enseñado que para conseguir las cosas debemos trabajar excesivamente, horas extras, aguantando, desvelándonos, sacrificando tu vida personal, malcomiendo, descuidando a tu familia... trabajando día y noche ¡Lo cual es falso! ¡Una creencia caduca! ¡Bórrala de tu memoria! Si bien, para alcanzar tus objetivos necesitas trabajar en ellos, lo que se requiere de tu parte es que realices un trabajo diario de calidad y que le inviertas tiempo de calidad para que el resultado sea un equilibrio entre tu vida laboral y personal.

¿Qué hacer para conseguirlo?

- Pedirle ayuda al Arcángel Miguel para que corte con esas creencias aprendidas en tu infancia y adolescencia.
- Pedirle ayuda los Ángeles de la Abundancia para que utilices exitosamente tus talentos para realizar todas tus tareas diarias.
- Pedirle ayuda al Arcángel Uriel para que te coloque en un trabajo que te permita tener un equilibrio entre lo laboral y personal. Así como para identificar qué actividades son prioridad.

Recuerda que, si ves con amor todo lo que haces, el universo trabaja a tu favor.

27 DE SEPTIEMBRE

Aprende algo nuevo

Así como te nació la inquietud de leer este libro y aprender del mundo de los Ángeles, usa esa misma curiosidad para aprender algo nuevo: un curso, un diplomado, un taller, otro idioma, baile, un nuevo deporte, canto, lee un nuevo libro, manualidades, otro tema espiritual, una licenciatura… Todo lo que alimente tu interior. Incluso, muchos de éstos, los puedes tomar en línea sin salir de casa.

Los beneficios de aprender algo nuevo son ENORMES: te ayuda a crearte nuevas metas personales. Aumenta tu seguridad y tu termómetro de satisfacción. ¡Rompes con la rutina! Despierta tu creatividad y la aumenta. Atraes abundancia.

28 DE SEPTIEMBRE

¿Cómo prepararte para festejar a los Arcángeles Miguel, Rafael y Gabriel?

Si bien cualquier día puedes hacerlo, pues los Arcángeles están disponibles los 365 días del año, las 24 horas del día, no descansan y siempre están junto a ti ayudándote a ser feliz, mañana, es especial y mágico pues se celebra el día de los Arcángeles Miguel, Rafael y Gabriel.

Aquí te dejo algunos *tips* para que los festejes con amor:

- Si bien los Arcángeles no te piden nada a cambio para ayudarte, a mí me gusta agradecerles, regalándoles flores naturales. Decoro mi hogar con esas flores o se las pongo en su altar.
- Les prendo una vela azul, blanca y verde mientras realizo mis peticiones.
- Pego papelitos por toda mi casa con mensajes para ellos como:
  «Bienvenidos a mi hogar».
  «Los recibo con amor».
  «Mi corazón está feliz con su presencia».
  «Su luz ilumina a mi familia».
- Pongo música relajante.
- Prendo algún incienso o vela aromática
- Trato de realizar ese día actividades que me nutran.
- Antes de dormir, los incluyo en mis oraciones.

29 DE SEPTIEMBRE

¡El cielo está de fiesta! Hoy se celebra
a los Arcángeles Miguel, Rafael y Gabriel

Hoy es un día catalogado como MAYOR, poderoso energéticamente… Se festeja a los Arcángeles Miguel, Rafael y Gabriel. Y millones de personas, con su inmensa fe, realizan sus oraciones creando vibraciones elevadas de esperanza y es importante sumarnos a esa energía y nutrirnos de ella.

Te invito a que hagas este ejercicio: En un lugar cómodo, cierra los ojos e imagina que estás al centro de un círculo de protección color azul, blanco y verde rodeando ese círculo están los Arcángeles Miguel, Rafael y Gabriel con sus enormes y blancas alas Te ven con ojos de amor y tú sientes una paz inmensa. Es en ese momento, frente a ellos, que les pides eso que tanto necesitas:

Que mi dinero me rinda y se triplique. Que mi salud regrese a mí en su estado natural: perfecta. Que mi amor sea mi fuente de energía, etc.

El Arcángel Miguel nos protege de cualquier peligro y nos aleja de personas o cosas tóxicas. El Arcángel Rafael es especialista en la salud. El Arcángel Gabriel es quien nos guía en la educación de los hijos.

Al final, agradéceles a los 3 Arcángeles. Repite alguna de las siguientes frases o puedes usar las palabras que nazcan de tu corazón:

Felicidades Arcángeles Miguel, Rafael y Gabriel. Agradezco su luz, mi fuente de energía. Gracias por tanto amor y las puertas de mi vida siempre están abiertas para ustedes, queridos Arcángeles.

30 DE SEPTIEMBRE

Adiós y gracias septiembre. Grita: «estoy listo para la recta final del año»

Así es grítalo muy fuerte… Aprendiste a trabajar con amor y eso está creando frutos mejor de lo que esperabas. Entendiste que, si bien los Ángeles te ayudan, necesitas poner de tu parte para alcanzar tus metas; eso implicó volverte más organizado, eliminar creencias arraigadas, arriesgarte, aprender cosas nuevas, salir de tu zona de confort… ¡REINVENTARTE!

La mejor enseñanza que te dio septiembre es que, para lograr cambios positivos en tu vida, hay que salir a provocarlos con sabiduría divina.

Decreto: « Confío en mí».

1 DE OCTUBRE

¡Bienvenido octubre! Llega con 10 promesas...

1. Riqueza espiritual.
2. Cuanto más dure tu optimismo, mejores resultados obtendrás.
3. Riqueza amorosa.
4. Apuesta por lo que te hace feliz y eso elevará tu energía.
5. Riqueza en salud.
6. Los Ángeles te llevarán a un nivel elevado de felicidad.
7. Abundancia en tus bolsillos.
8. Tus Ángeles te proveerán y nada te faltará.
9. Noticias del cielo.
10. Tus pensamientos positivos serán la voz de tus Ángeles

Mes 10 y el significado de este número es muy poderoso: 1 (tus deseos) y 0 (la presencia de Dios). Es decir, tus deseos ya están en manos de Dios. Además, te recuerda que te escucha, te ve, te guía, te ama, te necesita, te consiente y que, con Él en tu corazón, ¡lo puedes todo!

2 DE OCTUBRE

La vida no es como la pintan...

¡Por supuesto que no! Y 1000 veces no... La vida NO es como la pintan... LA VIDA ES COMO TÚ LA COLOREAS, la delineas, la trazas, más allá del blanco y negro, sin límite de colores y combinaciones.

3 DE OCTUBRE

No quiero partir de esta vida sin...

Escribe 10 o más cosas, experiencias, metas o sueños que quieres vivir antes de irte al cielo. Trata de escribir cosas personales que te alimenten a ti, que te involucren a ti... Este ejercicio no es acerca de la muerte o para que entres en «pánico» o porque tengas los días contados... Es una lista que nos ayuda a tener presentes nuestros sueños y que te recuerda que muchos de ellos los podemos lograr en un lapso corto, pero por desidia, los posponemos.

1. _____

2. _____

3. _____

4. _____

5. _____

6. _____

7. _____

8. _____

9. _____

10. _____

Tip: Si vuelves a hacer este ejercicio en los próximos años, puedes escribir las 10 cosas en una hoja en blanco y guardarla entre las páginas de este libro.

4 DE OCTUBRE

¡Es hoy! ¡Es hoy!

Ayer, hiciste una lista de cosas que te gustaría hacer antes de partir al cielo… ¿Cuál vas a comenzar a hacer HOY? Sí, hoy es el día de poner en marcha alguno. Hoy no se vale poner excusas como «mañana comienzo…, algún día…, pronto…». Hoy es el día para tomar el teléfono y pedir perdón, decirle a esa persona «te quiero», inscribirte a la clase de baile, investigar los requisitos para estudiar la maestría, cotizar el viaje de tus sueños, mandar tu currículum al trabajo ideal, comenzar a escribir tu libro, estudiar angelología… ¡Tus Ángeles te apoyan!

5 DE OCTUBRE

Sentirás muy bonito al leer el siguiente mensaje:

DIOS te ama inmensamente.

Los ÁNGELES te aman inmensamente.

La VIDA te ama inmensamente.

EL UNIVERSO te ama inmensamente.

La NATURALEZA te ama inmensamente.

Y todos quieren hacerte y verte feliz.

6 DE OCTUBRE

+ Alma - Ego

Seguramente, has escuchado la frase: *«más alma, menos ego»* y si lo pones en práctica es la llave al mundo espiritual… a tu conexión exitosa con tus Ángeles de la Guarda. El ego te limita, te obstaculiza, es como piedras en el camino, mientras que el alma te ofrece caminos claramente, busca tu unión con la vida, elevar tu energía y alinearte con el universo.

Ejemplos:

Tu ego te dice que los mensajes de los Ángeles son un producto de tu imaginación, tu alma te dice que creas en tu intuición porque es la guía de los Ángeles.

Tu ego siempre quiere tener la razón, tu alma busca la verdad.

Tu ego ruega por amor, tu alma te lleva a decirte: «me amo».

Tu ego está obsesionado con el dinero y las cosas materiales, tu alma se sabe abundante y merecedor. ¡Vive en comunión con la riqueza celestial!

Tu ego busca siempre apantallar y reconocimiento, tu alma, realización personal.

Tu ego busca cantidad, tu alma, calidad.

Tu ego vive atado al pasado, tu alma te dice: «vive en el ahora».

Tu ego está acostumbrado a conseguir todo con guerra, tu alma lo consigue en paz.

Tu ego es orgullo, tu alma, ¡amor!

7 DE OCTUBRE

Haz lo siguiente y libérate del enojo

A lo largo de mi vida, también he recurrido a varios terapeutas espirituales en busca de ayuda. ¡Lo recomiendo enormemente! Y una de las terapeutas, a la que le guardo un especial cariño, me enseñó un ejercicio muy efectivo para liberar la energía del enojo, ira o estrés. Consiste en lo siguiente: con un palo de escoba, golpea el colchón de tu cama mientras gritas eso que tanto te enoja. ¡Tu cuerpo se liberará de esa energía negativa! ¡Inténtalo las veces que lo necesites! También puedes salir a correr en un lugar seguro o practicar algún deporte.

8 DE OCTUBRE

Cambia tu diálogo con el futuro

La mayoría de las personas relacionan su futuro con miedo, incertidumbre, temor, pánico, escasez, soledad… ¡Y viven en ansiedad extrema! Y pues cómo no… Con esos pensamientos, ¡cualquiera! Si bien, lo ideal es concentrarnos en el presente, es inevitable no pensar, en algún momento, en el futuro. Pero, qué tal si cambias el diálogo que tienes con tu futuro, con ayuda del Arcángel Metatrón y el Arcángel Zadquiel y comienzas a hablarle con amor y enviarle palabras cariñosas.

¡Visualiza un futuro prometedor! ¡Visualiza historias con final feliz para ti! ¡Visualiza tu abundancia! Cuesta el mismo esfuerzo, pensar en negativo que en positivo y la segunda, créeme, te traerá mejores beneficios. Cosecha desde ahora armonía en tu jardín interno, para que en un futuro esté lleno de flores.

9 DE OCTUBRE

*Mejora la relación con tus padres y mejorará
tu relación con la abundancia*

¡DE-FI-NI-TI-VA-MEN-TE! Estén contigo en la tierra o el cielo, puedes iniciar agradeciéndoles ser tus guías en este plano terrenal. ¡Sin juzgar, sin criticar, sin señalar! Tú sabes cómo mejorar esa relación, tú sabes qué aspectos tienes que sanar, tú sabes de qué tienes que pedir perdón o perdonarte…

MAMÁ = ENERGÍA DE ABUNDANCIA

Si hay escasez en todas las áreas de tu vida: amor, salud, dinero, espiritual… voltea a ver a mamá y ahí encontrarás tu respuesta.

PAPÁ = ENERGÍA DE ÉXITO Y DESARROLLO LABORAL

Si te sientes estancado en el trabajo o no vibras en éxito, es momento de cuestionarte: «cómo es mi relación con mi papá y qué necesito para mejorarla». Y manos a la obra.

Estoy segura de que, después de leer esto, te cayeron muchos veintes.

10 DE OCTUBRE

Decreta:

«El dinero se multiplica en mis manos».

«Cascadas de abundancia caen sobre mi hogar generando crecimiento».

«Mis inversiones dan grandes frutos».

«Avanzo en mis proyectos exitosamente».

«Amo el dinero y el dinero me ama a mí».

11 DE OCTUBRE

El Arcángel Azrael brinda consuelo a las personas que pierden a un familiar

El Arcángel Azrael tiene una misión muy importante: tomar de la mano a ese ser querido que ha dejado este mundo para ayudarlo a dar ese «paso» al siguiente plano (en el que tú creas), su objetivo es que sientan paz y tranquilidad. Sin embargo, este ser de luz también ayuda a los que seguimos en este mundo brindándonos apoyo y consuelo. ¡Es muy comprensivo, amoroso y paciente!

Pensaríamos que por su misión, este Arcángel es muy serio, pero no, es carismático y es como ese amigo simpático (claro, respetando ese dolor por el que atraviesas). Y es que el Arcángel Azrael eliminará la tristeza o sufrimiento que te invade llenando de alegría tu corazón. Te susurrará al oído que *«la mejor forma de honrar a un ser querido en el cielo es VIVIENDO FELIZ»*.

En mi experiencia personal, también el Arcángel Zadquiel y Rafael nos ayudan en el proceso de duelo.

12 DE OCTUBRE

El duelo no es una enfermedad, ni se supera...
¡el duelo se acepta!

Un miedo muy recurrente de las personas que pasan por un duelo tras la pérdida de un ser querido es: *«me da miedo olvidarlo con el paso del tiempo»*. Lo primero que tienes que saber del duelo es que su proceso NO, y repito, NO tiene como objetivo que olvides a esa persona que partió al cielo, sino que aprendas a vivir con su ausencia transformando ese «dolor» en amor y en aceptación.

El duelo NO ES UNA ENFERMEDAD, NI SE SUPERA... ¡El duelo se acepta! El duelo es una reacción normal ante la pérdida de alguien importante en tu vida. Y los Ángeles pueden ayudarte en este proceso, incluso pueden responder todas tus dudas de manera amorosa. Como cualquier proceso es importante observar su evolución.

13 DE OCTUBRE

3 mitos sobre el duelo

1. *Quien más llora es quien más sufre.* Primero, el duelo no es una competencia para demostrar quién quería más a esa persona. El duelo no es nada más llorar y la carga emocional en cada ser humano es diferente, así como la forma de externarlo.
2. *Después de 6 meses tras la pérdida estarás bien.* Quizá sí, quizá no, quizá te lleve menos, quizá te lleve un año o dos... Es difícil calcularlo. Lo que sí puedo confirmarte es que, de la mano de tus Ángeles, aprenderás mucho en este proceso.
3. *Cuando es una muerte natural el duelo es más sencillo.* No, no y no... Depende del vínculo que se tenía con ese ser querido.

14 DE OCTUBRE

Cuando un ser querido vuela al cielo, su cuerpo muere, pero su energía es eterna

Cuando un ser querido vuela al cielo, su energía, su espíritu, su alma siguen acompañándote y comunicándose contigo. ¡Su energía es eterna! Te ha pasado que escuchas una canción e, inmediatamente, te recuerda a ese ser querido, o estás comiendo un platillo especial y sus sabores te trasladan a recuerdos con esa persona especial… Ese ser querido SIEMPRE estará presente en tu vida a través de canciones, lugares, recuerdos, olores, sensaciones, frases, calles, comidas, sueños… El Arcángel Azrael mantendrá viva esa conexión entre tú y esa persona que se te adelantó en el camino.

15 DE OCTUBRE

Abrazo a todas las mujeres que lloran en silencio la pérdida de su angelito

Hoy se conmemora el día mundial de Concienciación sobre la muerte Gestacional, Perinatal y Neonatal. Es decir, de la partida al cielo de un bebé durante el embarazo, en el parto o en las primeras semanas de vida. Y a mí me pasó. Durante 8 meses, mi pancita fue el hogar de mi pequeña Lucía. Fui muy afortunada de verla nacer y tenerla entre mis brazos, aunque viviera por pocas horas.

Mi pequeña, agradezco todos los días tu llegada. Aunque tengo que confesarte que tu partida me hizo llorar mucho, pero, hoy, te puedo decir, que soy mejor que antes: mejor mamá, esposa, hija, amiga, profesionista y ser humano. Sigo viviendo mi duelo tomada de la mano de Dios y los Ángeles, he aprendido a vivir con este «dolor». Te lloro en silencio, en compañía, en donde me llegue el sentimiento… pero también, he aprendido a disfrutar más la vida. Me di cuenta que puedo amar más a mi esposo, cuando pensaba que lo amaba con todo mi corazón. Amo más a mis hijos cuando creí que no era posible. Amo y respeto más a mi mamá y papá cuando pensaba que así estaba bien. Doy más amor a mis hermanos cuando creí que les daba mucho. Y lo más importante: me amo más y me escucho más a mí.

Gracias mi Angelito porque me has traído muchas bendiciones a mi vida. Siempre te voy a llevar en mi corazón porque sé que sólo se fue tu cuerpo, pero tu alma y luz siempre están a mi lado. Eres mi Angelito de la Guarda y tuve la bendición de conocer tu rostro.

Antes de que nacieras yo pensaba cómo iba a cuidarte y guiarte en tu vida. Y ahora eres tú la que me cuida y me guía todos los días.

TE AMO MI LUCÍA.

16 DE OCTUBRE

Dios mío...

Ilumíname con tu LUZ.
Guíame con tu enorme SABIDURÍA.
Y lléname de bendiciones con tu AMOR.
MI FE EN TI, ¡SIEMPRE!

17 DE OCTUBRE

¿Cómo sé que ya sané emocionalmente?

Lo sabrás al toparte, recordar o revivir la misma situación que una vez dolió, pero que ahora ya la ves desde otra perspectiva: el aprendizaje, el perdón, el soltar… Y es entonces que sabrás que hubo una GRAN EVOLUCIÓN en ti.

18 DE OCTUBRE

La misión de los Ángeles

<u>EL ENCARGO</u> (con mayúsculas, negritas y subrayado para destacar su importancia) primordial que le asignó Dios a tus Ángeles de la Guarda es que deben mostrarte que ÉL y su inmenso amor existen en todo lugar y en cada cosa que ves.

19 DE OCTUBRE

Oración para comenzar el día y recibir los dones de los Arcángeles

Queridos Arcángeles:

Ahora que comienza mi día, confío en que compartirán sus dones conmigo y que serán mi sostén en cada paso que daré:

Hoy soy y seré FUERTE como tú, Arcángel Miguel.

Hoy soy y seré POSITIVO como tú, Arcángel Jofiel.

Hoy soy y seré ABUNDANTE como tú, Arcángel Uriel.

Hoy soy y seré SANADOR como tú, Arcángel Rafael.

Hoy soy y seré AMOR como tú, Arcángel Chamuel.

Hoy soy y seré INTELIGENTE como tú, Arcángel Gabriel.

Hoy soy y seré JUSTO como tú, Arcángel Zadquiel.

Amén.

20 DE OCTUBRE

Los Ángeles de la Guarda nos envían mensajes a través de los animales

Por ejemplo: cuando aparece, de la nada o inesperadamente, una ABEJA o fila de HORMIGAS en tu hogar, anuncia la llegada de abundancia económica y buena suerte.

Cuando descubres una CATARINA sobre tu ropa o cuerpo es la señal de ÉXITO en el amor de pareja.

Cuando un COLIBRÍ aparece, sorpresivamente frente a ti, llamando tu atención, un ser querido que está en el cielo te dice: *«estoy bien y desde aquí te cuido».*

21 DE OCTUBRE

Aceptarte como eres no significa resignarte

Si bien el ACEPTARTE COMO ERES implica reconciliarte con tu historia, con tu cuerpo, reconocerte como un ser lleno de emociones y aceptar que también cometes errores, no significa RESIGNARTE o rendirte frente a todo aquello que si puedes cambiar para mejorar. ¡VAS! ¡Cambia lo que tengas que cambiar! Mereces ser una mejor versión de ti. El Arcángel Miguel es un excelente coach. Recurre a Él.

22 DE OCTUBRE

Y tú, ¿a quién admiras?

Admiro a las personas por cómo piensan, por sus valores, por las palabras de amor que pronuncian al hablar y que son congruentes con su actuar. Me llena, de alegría, toparme con personas con corazones limpios y un grato trato hacia los demás… Admiro a aquellos que, a través de sus ojos, veo el brillo de su inmensa fe y que han comenzado a cambiar el mundo con el ejemplo. Admiro a los seres humanos que alimentan su espíritu, ondean la bandera de la paz. Admiro a las personas que, con sólo verlos, me hacen sonreír y me contagian su alegría…

Al leer estas líneas, ¿qué persona te vino a la mente? Siéntete muy afortunado de tenerla a tu lado.

23 DE OCTUBRE

El poder de tus palabras

Un hermoso ejercicio que practico todos los días es que mientras me aplicó mi perfume favorito, con toda mi fe intenciono ese agradable aroma para atraer lo que deseo.

Te explico: al momento de presionar el atomizador repito frases como: «que este delicioso aroma conduzca ABUNDANCIA hacia mí. Así de agradable huele el ÉXITO. Estas gotitas sobre mí aumentan mi AUTOESTIMA»…

Puedes pedir protección, amor, salud, todo lo que necesites. El poder no radica en el perfume, sino en la intención de tus palabras. Practícalo y notarás un cambio muy especial en tu actitud ante la vida.

24 DE OCTUBRE

¡Lo mereces!

Mereces que te pasen cosas increíbles, fantásticas, maravillosas, electrizantes, bellas... y cuando te pasen, ¡créetelas y disfrútalas! Mereces estar lleno de esos momentos todos días.

25 DE OCTUBRE

Hoy es el día perfecto para...

Comenzar a AMARTE como nunca lo has hecho.

26 DE OCTUBRE

Mensaje de un ser querido desde el cielo

«A ti, mi amor…

Sé que en tu corazón hay dolor y espero que estas palabras puedan calmarlo… Créeme, mientras lees estás líneas te estoy abrazando. Si cierras los ojos puedes sentir mi calidez y hasta percibirás mi suave olor. Sé que no dejas de preguntarte *«¿por qué?»*, incluso, sé que te sientes culpable por los momentos y las conversaciones que ya no pudimos compartir. ¡No te sientas así! Para mí lo que vivimos fue perfecto. ¿Nos faltó tiempo juntos? ¡Sí! Pero, aquí donde estoy, todo es paz, me encuentro muy bien: puedo verte, escucharte, guiarte, aconsejarte, sonreírte, acompañarte, cuidarte… Tómate tu tiempo y después sigue tu camino feliz, SÍ, feliz es como quiero verte, cumpliendo tus sueños, amando, regalando sonrisas, viviendo en plenitud. Cuando pienses en mí, voltea al cielo y sonríeme y yo acariciaré tu mejilla.

Siempre junto a ti».

27 DE OCTUBRE

Tus seres queridos en el cielo, también pueden enviarte mensajes a través de Ángeles Terrenales

En los días donde experimentamos más «dolor» emocional, nuestros Ángeles de la Guarda aparecerán frente a nosotros a través de Ángeles Terrenales para ayudarnos a disminuir ese dolor. Te platico un momento inolvidable que viví:

Yo, atravesaba por mucho dolor por la pérdida de mi hija Lucía, cuando recibí el mensaje de una prima que me pedía vernos. Yo, obviamente, no tenía humor, ni ganas de ver a alguien. Pero fue tanta su insistencia que accedí. Mientras desayunábamos juntas, me platicó que el día y a la hora que falleció mi pequeña Lucía, su hija, de 4 años en ese entonces, salió al balcón de su casa, señaló y volteó al cielo y empezó a gritar: «Lucía… Lucía… Lucía». La hija de mi prima no sabía de la existencia de Lucía, ni lo que había pasado. Al finalizar sus palabras suspiré profundamente y fue como un apapacho celestial. Era un mensaje claro: *«siempre estaré junto a ti y te lo haré saber»*.

Mi prima y su hija fueron esos Ángeles Terrenales que me entregaron el mensaje de mi angelita Lucía. Estoy segura que tú también vivirás esa conexión con tu ser querido.

28 DE OCTUBRE

Desde allá arriba, tu ser querido te escucha,
te ve, te ayuda...

A ti que has perdido a un ser querido, voltea al cielo, y con todo tu amor, regálale las siguientes palabras:

«Sé que me sonríes desde el cielo, ¡te quiero!».

29 DE OCTUBRE

Tu ser querido en el cielo, también es tu Ángel protector

Así lo creo y así lo he vivido… Como ya te lo he platicado anteriormente, desde el cielo, mi hija Lucía, mi hermoso angelito, me cuida a mí y a mi familia.

Un día, hace algunos años, mi esposo llegó a la casa para pedirme que oráramos por la salud de su mamá, es decir, mi suegra, pues tenía un problema muy grave en un ojo, incluso lo podía perder. Para ese entonces, mi pequeña Lucía ya había volado al cielo. Cuando mi esposo me dijo que íbamos a rezar la oración, volteó a mirarme, con los ojos llenos de lágrimas, y me preguntó: «¿Sabes a quién le vamos a pedir en la oración?», y le dije, sin pensarlo: «Sí, a Santa Lucía». Hasta ese entonces, yo no sabía de la existencia de Santa Lucía, ni que era la patrona de la vista. Y él me contestó: «sí a Santa Lucía».

Y oramos con toda nuestra fe. Con ayuda de la ciencia y la fe, mi suegra sanó. Créeme que el nombre de Santa Lucía y mi pequeña Lucía no es coincidencia. Hoy sé que mi Angelita Lucía quería que supiera que también estuvo protegiendo y guiando a su abuelita.

30 DE OCTUBRE

Sabías que también vives un duelo cuando...

No sólo cuando muere un ser querido vives un proceso de duelo. Aquí te dejo otras situaciones y te digo qué otro Arcángel te ayudará además de Azrael y Zadquiel.

- Te divorcias (Arcángel Miguel y Chamuel).
- Vuela al cielo tu mascota (Arcángel Chamuel).
- Una ruptura amorosa (Arcángel Chamuel y Miguel).
- Pierdes un trabajo de muchos años (Arcángel Uriel).
- Sufres una pérdida económica (Arcángel Uriel y Ángeles de la Abundancia).
- Te mudas de una ciudad definitivamente (Arcángel Metatrón).
- Rompes relación con un amigo o grupo de amigos (Arcángel Chamuel y Gabriel).

31 DE OCTUBRE

Gracias y adiós octubre ¡un gran respiro!

Aprendiste a transformar el dolor en amor tras la pérdida de un ser querido y la forma de entender sus mensajes y estar en contacto con él. Recibiste noticias del cielo que calmaron tus emociones… Ay, qué bien se siente saber que allá en el cielo, ¡está bien!

Lo que hiciste en octubre fue cerrar un ciclo. ¡Soltar! ¡Resolver! Hoy, tu futuro pinta próspero gracias a tus pensamientos positivos. Hoy, sabes cómo vivir feliz: ¡el secreto eres tú! Hoy, continuarás cumpliendo la promesa que te hiciste: llevar a cabo esas experiencias que quieres vivir.

Decreto: «Soy feliz y me gusta estar así».

1 DE NOVIEMBRE

¡Noviembre comienza con regalo!

Mágico, poderoso, esperanzador, con una energía altísima… Hoy, 1 - 11 (noviembre), Tus Ángeles de la Guarda ponen en tus manos una caja de regalo y adentro puede estar eso que tanto necesitas en tu vida. ¡Sólo es cuestión de pedírselos! ¡Hazlo ahora! Y es que, para los Ángeles, en el planeta tierra, tú eres su número 1, tú eres su prioridad y quieren verte brillar de amor, realizado, feliz… Con el número 111 prometen cumplir esa tarea o deseo que les estás asignando el día de hoy. ¡Están felices de comenzar a trabajarlo y darte lo que más convenga a tu vida!

«Cuentas con nosotros. Te llevaremos a un nivel elevado de felicidad. Los cambios que estás pensando hacer traerán efectos positivos a tus días. Nuestras sugerencias te serán útiles. Cuanto más veas las situaciones con ojos de amor, mejores resultados obtendrás. El 111 es un despertar a las maravillas que te rodean y un recordatorio de que estás en sintonía con la energía divina. El 111 es una especie de amuleto del éxito».

¿Cómo hacer tu petición?

1. Puedes hacerla a las 11:11 de la mañana, 1:11 de la tarde o 11:11 de la noche.
2. A mí me gusta abrir alguna ventana de mi hogar, imaginándome a mi ejército de Ángeles volando cerca de ella. Listos para escucharme.
3. Les doy la bienvenida y los recibo con un ramo de flores blancas.
4. Y les hago mi petición como si estuviera platicando con mis mejores amigos.

2 DE NOVIEMBRE

Nuestros seres queridos en el cielo utilizan a las mariposas para comunicarse con nosotros y decirnos: «todo estará bien».

La historia que te voy a platicar es hermosísima y aun con la carga de dolor que puede llevar. Una persona a la que quiero mucho atravesaba el dolor más grande: la muerte de su amadísima esposa (quiero hacer énfasis en el amadísima porque se querían inmensamente). Después de los servicios funerales, una mañana, él, solo y con el corazón triste, estaba en la habitación que había compartido con su esposa por muchos años. Y aunque mi amigo es un ser muy espiritual y positivo, ese día, estaba lleno de dudas: «¿cómo voy a educar yo solo a mis hijos?». Con un nudo en la garganta y las palabras entre cortadas, le pidió a su esposa: «Cariño, dime que lo haré bien…». Mi amigo sintió una extraña, pero agradable sensación de acercarse al balcón de la habitación. Y justo arriba de la copa del árbol que llega a la altura del balcón, una decena de mariposas volaban juntas… Mi amigo se acercó y las mariposas continuaron ahí en una especie de baile. El corazón de mi amigo sintió de inmediato que esas mariposas ¡era la señal que acababa de pedir! Nuestros seres queridos en el cielo utilizan a las mariposas para comunicarse con nosotros y decirnos: *«Todo estará bien. Desde aquí te cuidamos y amamos».*

3 DE NOVIEMBRE

Platica con ese ser querido que está en el cielo

Sería un regalo hermoso poder traer de regreso a la tierra a ese ser querido que está en el cielo. Imagínate que pudieras estar con esa persona por una hora: volver a escuchar su voz, volver a verlo a los ojos, decirle «me haces mucha falta, ¡te quiero!», volver a abrazarlo, acariciar su mano, darle un beso en la mejilla… ¡Sería muy bonito! Si pudieras tener este regalo, ¿a quién traerías de regreso? Tan solo de pensarlo se me llenan los ojos de lágrimas.

Así que te propongo el siguiente ejercicio:

1. Elije un lugar cómodo de tu hogar y pon música relajante o la que le gustaba a tu ser querido.
2. Enciende una vela blanca.
3. Cierra los ojos y llama a tu ser querido. Platícale cómo estás, cómo te sientes y dile todo lo que te nazca del corazón. Incluso puedes pedirle ayuda sobre algún problema, guía o protección.
4. Este ejercicio puede durar lo que tú quieras.
5. Ten la certeza de que te está escuchando.
6. Puedes colocar flores blancas en tu casa, como regalo a tu ser querido.

4 DE NOVIEMBRE

Los Ángeles soplan los vientos a tu favor

¡Es horrible! Cuando sientes que te ahogas en tus problemas. Cuando te paralizas de miedo. Cuando no encuentras una salida. Esa sensación de pánico. Vivir en la cuerda floja. No tener ganas de levantarte de la cama. Sí, es horrible tener días difíciles.

Y es verdad que estas situaciones de la vida, te ponen a PRUEBA… A prueba de qué estás hecho, a retar tu fe y confianza. A crearte fisuras o heridas. A crearte un terremoto de emociones. Pero créeme, no todas las tormentas vienen a tu vida a crear caos…

Algunas, las más fuertes sacudidas, vienen a limpiar tu camino Por eso no me cansaré de repetirte: no busques a Dios y recurras a los Ángeles como última opción cuando deberían ser tu primera opción. Porque ante estas situaciones, la confianza hacia ti mismo puede derrumbarse, pero si tu fe va de la mano de Dios y de la de los Ángeles podrás ¡LEVANTARTE!

Sé que hay momentos en que la desesperación te hace dudar de si se cumplirán o no las promesas de Dios. Y dudas, y pierdes la paciencia…

Pero calma, calma… ¡Allá arriba tienen un plan hermoso para ti! APRENDE A ESPERAR.

En tus manos tienes la mejor medicina: LA CONFIANZA Y LA PACIENCIA.

Dios y los Ángeles nunca fallan. Y es esa confianza, la que te mantendrá de pie. Confía en que todo estará bien y que los nuevos pasos que están dando son los correctos.

5 DE NOVIEMBRE

El Arcángel Metatrón llega a tu vida dándole luz a tu mente y visiones proféticas

Estamos entrando a la recta final del año y el Arcángel Metatrón será un aliado importante en este período de tu vida. Te preguntarás ¿por qué? Porque se avecinan cambios, reestructuras, planes a corto y largo plazo… Y Él es experto en periodos de transición o transformación. Incluso, ¡te ayudará a dar esos pasos de forma valiente! ¡Ese empujoncito que necesitas!

El nombre del Arcángel Metatrón significa Profeta Enoc o más Cercano al Trono y se encarga de darle luz a tu mente y visiones proféticas.

¡Alimenta tu parte psíquica! Si quieres ser Angelólogo, será tu maestro celestial y te abrirá los sentidos para recibir los mensajes divinos. De su mano, sabrás que vas por el camino correcto en tu misión asignada por Dios. Tus planes a futuro serán los correctos siguiendo la guía de este ser de luz. Si tambalea tu parte espiritual, Él te recordará lo importante que eres para Dios y el lugar tan especial que ocupas en el universo. Además, ayuda a aquellas personas que tienen déficit de atención y soluciona eficazmente los problemas de los niños. El Arcángel Metatrón es un gran motivador, el mejor «porrista» del cielo.

6 DE NOVIEMBRE

Querido Arcángel Metatrón...

Con el corazón en la mano y toda mi disposición, te abro las puertas de mi vida, dejando con toda humildad que me guíes con tu sabiduría divina aportando iluminación, crecimiento y evolución espiritual. Que tu energía me acompañe para la creación y manifestación de mi realidad. Que mis tiempos se midan por los tiempos celestiales así daré pasos firmes en tiempos perfectos. Despierta mi sensibilidad psíquica, despierta mi niño interior, despierta mi creatividad y alimenta mi intuición. Tú que conoces mi futuro, dejó mis sueños en tus manos, pues bajo tu lupa no tienen límites y sé que me sorprenderás. Ayúdame a que esos sueños también aporten beneficios positivos al mundo.

7 DE NOVIEMBRE

Con el corazón, sé el Ángel en la vida de alguien

El mundo necesita de ti (hombre o mujer Ángel), necesita de más gente buena, de esas que ayudan desinteresadamente y que ven amor en todas las personas. Ser el Ángel de alguien es el alimento más puro para el alma. Si bien, estas palabras son una invitación, hazlo cuando tu corazón no esté en busca de una recompensa, sino cuando en verdad te nazca ayudar. ¡No hay necesidad de forzar las cosas! Comienza con acciones pequeñas: siendo amable con el prójimo, hablando con palabras desde el amor, con un abrazo… Posteriormente, puedes involucrarte en labores altruistas. El mundo necesita amor y creer en él, y tú tienes mucho amor para compartirlo. Que se note que eres diferente no por lo que llevas puesto sino por la calidad de tu alma.

8 DE NOVIEMBRE

¡Tú puedes ser un trabajador de luz, un hombre o mujer Ángel!

¿Te ha pasado por la cabeza que quizá tu misión en la vida es dedicarte al mundo de los Ángeles como trabajador de luz, hombre o mujer Ángel? Y te puedo asegurar que te has enfrentado a situaciones donde, sin darte cuenta, las resuelves como un trabajador de luz. Pero, ¿qué se necesita?, ¿cómo puedes saber que ese es tu camino? Si bien, no existe una fórmula, sí puedo darte ciertas cualidades que podrían guiarte.

Primero, si en ti viven unas enormes ganas de ayudar buscando el bienestar del prójimo. Si tienes una gran conexión con la naturaleza y los animales. Si desde pequeño te has sentido diferente, incluso incomprendido muchas veces. Si sientes «cosas raras» que no sabes cómo explicarlas pero que te transmiten mucha paz. Si eres un imán con los niños. Si las personas te buscan de forma natural para pedirte un consejo. Si te asumes como una persona espiritual (y no tiene que ver con que profeses alguna religión). Si sientes que llegan a ti respuestas y no sabes de dónde. Si haces caso a tu intuición. Si eres sensible y resuelves desde el amor, incluso ¡motivas!

Si te identificaste con algunos de estos ejemplos y tienes inquietud por el mundo de los Ángeles, puedes pedirle asesoría a los Arcángeles Metatrón y Miguel para que te guíen. ¡Te sorprenderás!

9 DE NOVIEMBRE

Limpia tu campo enérgetico mientras te bañas

Antes de ducharte, pídele a tus Ángeles de la Guarda: *Amados angelitos que cada gota de agua esté llena de su luz purificadora capaz de limpiar cualquier energía que no me corresponda.*

Mientras te bañas, imagina que el agua que corre por tu cuerpo es energía altamente positiva y sana que se lleva cualquier contaminante de tu campo energético. Imagina que esas gotas de agua dejan un escudo protector capaz de repeler cualquier energía negativa o baja.

Recuerda que el agua, además de limpiar, es un excelente medio de comunicación para transmitir a nuestro cuerpo información valiosa.

10 DE NOVIEMBRE

A ti mujer...

Sé que has caído varias veces y los golpes han sido muy fuertes. Sé que has querido tirar la toalla en repetidas ocasiones. Sé que tu corazón está lleno de cicatrices. Sé de tus lágrimas de dolor. Sé de tus noches de insomnio. Sé de ese sentimiento de soledad a pesar de estar acompañada...

Y créeme, de algo estoy sumamente segura: ¡SÍ PUEDES! ¡SÍ PUEDES SALIR ADELANTE! Toma mi mano... Toma la mano de los Ángeles. Reinvéntate y recárgate de energía. ¡NO ESTÁS SOLA! En el cielo han sido testigo de tus batallas, pero también de tu FUERZA para salir de esas «tormentas»... Y te prometo que ahora te TOCA SER FELIZ.

Toma UNAS NUEVAS ALAS y el Arcángel Miguel despejará el cielo para que vueles hasta donde tú quieras llegar... Porque cuando las MUJERES dormidas despiertan, MONTAÑAS SE MUEVEN.

Y eso hacemos las MUJERES ÁNGEL... no nos damos por vencidas...

Aquellas que recurrimos a Dios como primer opción... Mujeres Ángel. Aquellas que sabemos que lo más importante somos nosotras... Mujeres Ángel. Aquellas que vemos a través de los ojos de los Ángeles... Mujeres Ángel. Aquellas que perdonan para vivir más ligero... Mujeres Ángel. Aquellas que dejan ir... Mujeres Ángel. Aquellas cuya fe es la llave de las puertas del cielo... Mujeres Ángel. Aquellas que ayudan a un alma triste... Mujeres Ángel. Aquellas que saben decir No... Mujeres Ángel. Aquellas que caminan de la mano de los Ángeles y Arcángeles... Mujeres Ángel.

SER MUJER ÁNGEL ES VIVIR EL CIELO EN LA TIERRA

11 NOVIEMBRE

Voltea al cielo, pide un deseo y los Ángeles te lo concederán

Hoy es uno de mis días favoritos del año: 11-11 (noviembre), un día mágico y poderoso energéticamente. En el mundo de los Ángeles, el número 1 significa: *«pide tu deseo que nosotros te lo concederemos. Mantén tus pensamientos positivos porque se están materializando con rapidez.»* Y al estar repetido este número, es una clara señal de que los Ángeles quieren que sepas que te están escuchando. Cada año, yo realizo el siguiente ejercicio:

1. Prende una velita del deseo color blanca o veladora blanca con un cerillo de madera. Apágala cuando termine el ejercicio.
2. Escribe, con toda tu fe, una carta dirigida a tus Ángeles de la Guarda; ese deseo o deseos que tanto necesitas en tu vida. No te límites, sé muy específico. Refleja tu amor.
3. ¿Cómo elijo mi deseo? Pide cosas relacionadas a tu persona como ser más bondadoso, amar tu trabajo, disfrutar de tu familia… cosas relacionadas con tu misión de vida.
4. Rocía la carta con tu perfume favorito.
5. Guarda la carta en tu cartera, bolsa, altar o cajón especial por 21 días. Después la puedes romper o quemar.
6. Deja que tus Ángeles de la Guarda trabajen en tus peticiones. Recuerda que los tiempos divinos son perfectos.

Intenta realizar este ejercicio a las 11:11 de la mañana o de la noche.

12 DE NOVIEMBRE

Los Ángeles se comunican contigo a través de números repetidos

Te ha pasado que constante e inesperadamente, ves números repetidos. Por ejemplo: 11:11 en tu celular... De repente entra una llamada con el 000... el ticket de tu compra tiene como total 555... las placas del coche de enfrente es 222... Pues te tengo noticias, tus Ángeles de la Guarda se están comunicando a través de los números y a continuación te explico su significado:

111 Pide un deseo a los Ángeles y ellos, con su inmenso amor, te lo concederán. No te preguntes cómo, confía en su poder divino.

222 Vas por el camino correcto. No te compares con otras personas. Tu historia es única.

333 Recurre a la ayuda y sabiduría de los Maestros Ascendidos como Jesús, la Madre Teresa de Calcuta o el santo en que tú creas.

444 Los Ángeles ya escucharon tus peticiones y están trabajando en ellas. Te piden una actitud positiva. Te están protegiendo.

555 Cambios positivos están sucediendo en tu vida para mejorar tu situación actual.

666 Los Ángeles te invitan a la reflexión: ¿Estás en el lugar que siempre soñaste? ¿Eres feliz? Sé honesto contigo mismo.

777 Es momento de alimentar tu fe a través de la oración o meditación.

888 Buenas noticias sobre tu abundancia en todas las áreas de tu vida, principalmente la financiera. Cascadas de riqueza caen sobre tu hogar.

999 Los Ángeles ya te pusieron en el camino, te toca a ti ponerte las pilas. Sal de tu zona de confort.

000 Dios quiere que sepas que te ama incondicionalmente.

13 DE NOVIEMBRE

Las horas espejo también son mensajes del cielo

00:00 Dios te creo a su imagen y semejanza y naciste para ser feliz.

01:01 Los Ángeles están junto a ti para recordarte que eres único e invaluable. Eres el centro del universo y el número 1.

02:02 Confía en ti y en tus talentos.

03:03 Un ser querido en el cielo, te cuida.

04:04 Un ejército extra de Ángeles te ayuda, te guía, te protege.

05:05 Bendiciones.

06:06 Entrega tus temores a los Ángeles.

07:07 No pierdas la fe.

08:08 Riqueza espiritual, económica, amorosa y de salud.

09:09 Tus sueños comienzan a materializarse gracias a tu trabajo.

10:10 Etapa de cambio. Todo cambio es una oportunidad de mejorar.

11:11 No estás solo. Voltea al cielo y pídele a tus Ángeles eso que tanto necesitas. Ellos te lo concederán.

12:12 Enfócate en tus objetivos. No te distraigas. Estás cerca de la meta.

13:13 Descansa. Haz una pausa.

14:14 Está bien comenzar de nuevo.

15:15 Regresa a ti.

16:16 Usa tus palabras para construir.

17:17 Es momento de poner en acción tu creatividad.

18:18 Tus pensamientos positivos crearán el mundo que deseas.

19:19 Hazle caso a tu intuición, pues es la voz de los Ángeles que te guía. Tu intuición es tu brújula.

20:20 Dios y tú tienen una relación muy especial.

21:21 Buenas noticias y más buenas noticias.

22:22 Enfócate en tu misión de vida. Te abrirá las puertas de la Abundancia.

23:23 En el cielo están «trabajando» para ti.

14 DE NOVIEMBRE

Celebra tu personalidad

Día a día, vives agobiado tratando de agradarle a los demás incluso fingiendo quien no eres para pertenecer a un determinado grupo. Hay quienes llevan un estilo de vida que ni les gusta, pero lo adoptan para ser aceptados. ¡Qué estrés! ¡Cuánto desgaste!

Cuando te preocupas por el qué dirán, sólo estás dándolo poder a los demás de controlar tu vida. Sin embargo, ese camino sólo te produce una frustración muy grande.

Los Ángeles te dicen:

«Las únicas expectativas que debes cumplir son la tuyas.
Vive la vida como tú quieras.
Disfruta de tus bendiciones.
Ama desde lo más profundo de tu corazón.
Agradece lo que ya tienes.
Disfruta de las cosas que te hacen feliz.
CELEBRA TU PERSONALIDAD».

15 DE NOVIEMBRE

Sé una mejor versión de ti

¿Puedes cambiar? La respuesta es SÍ. Estamos en una constante evolución. Sin embargo, el cambio debe ser por ti y para gustarte a ti y NO —con mayúsculas— para gustarle a los demás.

A veces, en el andar, tomamos decisiones o caminos incorrectos y nos resbalamos o caemos muy profundo; nos perdemos en el camino. Sin embargo, lo importante es no hundirte, sino salir a flote, aprender de la experiencia, corregir lo que se tenga que corregir y regresar al origen, es decir, regresar a ti. Es el Arcángel Metatrón quien te tomará de la mano en todo el proceso del cambio y el Arcángel Chamuel te inyectará una gran dosis de amor. Cuando eres tú, tu personalidad es auténtica y eso, se refleja, los que te rodean lo perciben, y es desde ahí, que coincidirás en la vida con esas personas que serán tus amigos o tus amores simplemente porque se sentirán atraídos por tu esencia y personalidad.

16 DE NOVIEMBRE

Te pregunto: «¿tú, andarías contigo mismo?»

Vives tan «obsesionado» en encontrar allá afuera AMOR y FELICI-DAD que se te olvida que TÚ, si tú... ERES EL AMOR DE TU VIDA... ERES TU PAREJA IDEAL. Tu esencia es amor y tú eres el responsable de tu felicidad. Cuando un paciente recurre a mí con «no sé por qué nadie me quiere, no encuentro pareja o ¿por qué no duro en mis relaciones?», lo invito a la reflexión y le pregunto: «¿Tú, andarías contigo mismo?». Y la respuesta, la mayoría de las veces, es un silencio prolongado. Y es que al punto que quiero llegar es que la relación más duradera que tendrás es la que ya tienes contigo mismo. ¿Te gusta esa relación? Si lo dudaste, es momento de reconciliarte contigo (cambia eso que tú ya sabes), ÁMATE, disfrútate... Realiza este proceso con alegría. Involucra al Arcángel Chamuel, especialista en temas del amor, en esta evolución de tu alma. Tu corazón será el termómetro cuando vivas en armonía contigo mismo y estés listo para amar a alguien más.

17 DE NOVIEMBRE

Corta con lo tóxico... ¡ya!

Dile adiós al ex, rompe comunicación con amigos envidiosos, con compañeros chismosos, puede ser hasta tu trabajo una situación tóxica, saca del refrigerador la comida chatarra, pasa menos horas frente al televisor, deja de frecuentar a familiares que no suman nada a tu vida.

Tú eres luz, no permitas que alguien o algo la limite, tampoco contamines tu cuerpo con medicamentos o sustancias tóxicas.

Cuesta trabajo, pero no es imposible. ¿Duele? ¡Claro que duele! Pero la recompensa es grande: ¡UNA VIDA EN ARMONIA!

El Arcángel Miguel te ayuda a cortar con todo lo tóxico, utiliza la siguiente oración para que te acompañe en este proceso:

Querido Arcángel Miguel:

Con el corazón en la mano, te pido que me ayudes con tus rayos de luz azul a cortar toda relación con personas, situaciones o cosas tóxicas que sólo obstaculizan mi andar. Líbrame de los efectos tóxicos del estrés o del enojo. Dame fuerzas y encamíname. Confío en tu sabiduría, soluciones y valentía y sé que de tu mano no hay nada que temer.

18 DE NOVIEMBRE

¡Sé paciente con los procesos!

Durante muchas terapias, mis pacientes me han hecho la pregunta: «¿Por qué, si tomé la decisión correcta, me siento mal?», y les respondo: «porque hay algunas decisiones que necesitan vivir una especie de 'duelo'».

Por ejemplo: cuando renuncias a un trabajo, terminas con una pareja, se va de tu vida un amigo… ¡Necesitas asimilar y sanar! Sin embargo, el tiempo y la guía de tus Ángeles, te darán la razón. Y esa decisión que, al principio creó caos y dudas en tus emociones, después te traerá PAZ. ¡Sé paciente con los procesos! Con todo mi corazón te digo: ¡Está bien sentirte así! La siguiente frase me gusta porque lo explica muy bien: «las decisiones complicadas son como una vacuna que puede causar dolor pero que siempre cura y previene».

El Arcángel Metatrón te ayuda y te toma de la mano durante todo ese proceso de cambio. Háblale como le hablarías a tu mejor amigo: explícale cómo te sientes, qué necesitas, pídele guía, que sean claros sus mensajes y entrégale esas emociones. El Arcángel Metatrón es una pieza clave para tu sanación.

19 DE NOVIEMBRE

¡Empezar de nuevo está bien!

Sé que los cambios te generan incertidumbre y miedo... Pero, si involucras a tus Ángeles de la Guarda desde el principio de esta nueva etapa en tu vida, NO TIENES NADA QUE TEMER. Ahora bien, estás empezando de nuevo, pero no estás empezando desde cero. Es decir, tienes mayor experiencia, madurez, aprendizaje, contactos y mucho amor. Sólo tienes que mirar este nuevo escenario con actitud positiva. Y es esta actitud que te permitirá ver oportunidades donde antes no las veías, la que te permitirá retomar esos sueños abandonados y reinventarte. Y quizá nadie te lo ha dicho, pero yo si te lo voy a decir: «TÚ ERES MÁS GRANDE Y FUERTE QUE TUS TEMORES». Empezar de nuevo es la oportunidad de construir ese presente y futuro que siempre soñaste.

20 DE NOVIEMBRE

La clave de la felicidad

¿Existe la clave de la felicidad? Y la respuesta es ¡SÍ y 1000 veces SÍ! La clave radica en tu diálogo interior. ¿Cómo está tu diálogo?, y ¿cómo está la calidad de tus pensamientos? Y es que la mente es capaz de crear escenarios aterradores, es capaz de venderte la idea de que necesitas llegar a cierto lugar para ser feliz, tener a esa novia(o) para ser feliz, comprarte ese coche para ser feliz… Tus pensamientos pueden juzgarte, señalarte, menospreciarte… Y esos pensamientos sólo te llevarán a la frustración. Pero eres capaz de cambiar el discurso con el que te hablas. ¡Eres capaz de crear armonía en tu interior! Y cuando todo está en equilibrio dentro de ti: ¡Eres una persona feliz!

Así que necesitas saber lo siguiente:

- Tú eres capaz de controlar tus pensamientos y darles calidad.
- El origen de la felicidad está dentro de ti, no afuera.
- La felicidad y tu parte espiritual van de la mano.
- El Arcángel Jofiel te ayuda a embellecer tus pensamientos: de negativos a positivos.
- El objetivo de tus Ángeles de la Guarda es que seas feliz.
- Si está bien tu diálogo interior, crearás momentos felices.
- Todo aquello que está afuera en el mundo, sólo tiene que venir a sumar a tu felicidad.

21 DE NOVIEMBRE

Es tiempo de involucrar en tu vida
al Arcángel Jofiel

A muchas personas, les encanta «tirarse al drama», victimizarse, hablarse con lástima con frases como «Ay, pobrecito de mí»… Y estas actitudes únicamente están encerrando en una jaula a tu felicidad. El origen de estas actitudes es la calidad de tus pensamientos. Hoy quiero presentarte al Arcángel Jofiel, cuyo nombre significa *Belleza de Dios*. Su especialidad es embellecer tu interior: mente, corazón y alma, logrando que vivas feliz. Este Arcángel es poseedor de una luz amarilla o dorada inmensamente poderosa capaz de purificar pensamientos, sentimientos, emociones… A mí, el Arcángel Jofiel se me ha manifestado agradable, amigable, positivo y hasta divertido.

Estos son algunos ejemplos de situaciones en las que puede ayudarte el Arcángel Jofiel:

Si quieres decorar tu hogar.
Si quieres bajarle al ritmo de tu agenda.
Si quieres hacerte un cambio de look.
Si quieres eliminar tus pensamientos negativos.
Si quieres ser músico.
Si quieres dedicarte a las Artes.
Si quieres realizar un détox mental.
Incluso, si quieres arreglarte para una fiesta y no sabes qué ponerte, el Arcángel Jofiel te ayuda.

22 DE NOVIEMBRE

*Cada vez que tengas un pensamiento negativo,
haz lo siguiente:*

1. Cierra los ojos y repite: «Adiós... lo siento... GRACIAS... Te lo entrego a ti Arcángel Jofiel». El Arcángel Jofiel lo eliminará de tu mente y embellecerá tus pensamientos.
2. También puedes repetir: «Vivo feliz... Elijo caminar de la mano de mis Ángeles».
3. Inmediatamente, piensa en 3 cosas que te hagan feliz, así reemplazarás esos pensamientos y te concentrarás en momentos agradables. Tú puedes cambiar el guion de tu historia.

Ten paciencia contigo mismo, pues lograr este cambio de chip mental requiere de práctica.

23 DE NOVIEMBRE

El Arcángel Jofiel, belleza de Dios, te dice:

«Llenaré tu mente de tantos pensamientos positivos que sólo saldrán de tu boca palabras de amor y alegría. Sé optimista, dibuja una sonrisa en tu rostro, camina con la frente en alto, disfruta de un amanecer, de los sonidos de la naturaleza, crea una alianza entre tu corazón, mente y Dios. Sé en esencia amor y haz la diferencia en este mundo».

24 DE NOVIEMBRE

Tus pensamientos son los arquitectos de tu vida

Cariñoso Arcángel Jofiel:

Contágiame de tu optimismo y permíteme ver a través de tus ojos la grandeza que me rodea. Arcángel Jofiel, belleza de Dios, purifica mis pensamientos y sentimientos, eliminando todo aquello que contamina mi día a día o me ciega. Con tu sabiduría divina ayúdame a terminar con mis guerras internas. Abre mi conciencia al autoconocimiento. Intensifica mi mente con tu rayo de luz dorada para que pueda expresar asertivamente mis ideas, así como la toma de decisiones correctamente. Hazme consciente de mi plan divino. Sé mi luz en mi vida espiritual. Quiero construir mi YO y mis pensamientos sanos serán los arquitectos de mi vida. ¡Mis cimientos!

25 DE NOVIEMBRE

En esta etapa de tu vida...

Si decides invertir tu energía en el pasado, sólo vivirás intranquilo y sí decides enfocar tu energía en el futuro, sólo vivirás en ansiedad. Recuerda que aquello en lo que utilizas tu energía crece. El objetivo es usar tu energía en el presente, enfocándola en ti. Y los 7 Arcángeles te pueden ayudar:

1. *Arcángel Miguel: Ayúdame a cortar con cualquier lazo que me tenga atado al pasado. Elijo enfocarme en el hoy y seguir avanzando.*
2. *Arcángel Chamuel: Ayúdame a reconciliarme conmigo mismo. A sentirme cómodo con mi YO.*
3. *Arcángel Uriel: Llévame a descubrir mis talentos y habilidades y ayúdame a usarlos exitosamente.*
4. *Arcángel Jofiel: Actualiza y desintoxica mi mente.*
5. *Arcángel Zadquiel: Que mi espiritualidad sea la luz que guíe mis pasos.*
6. *Arcángel Rafael: Elimina esas creencias arraigadas y sana sus heridas.*
7. *Arcángel Gabriel: habita en mi corazón y sé mi intuición para tomar las mejores decisiones.*

Te sorprenderás, al ver los cambios positivos que experimentarás al enfocar tu energía en el presente.

26 DE NOVIEMBRE

7 afirmaciones para un trabajo exitoso

1. «Corto con todo intento de auto sabotaje a mí mismo. Estoy para apoyarme. Soy crecimiento».
2. «Soy suficiente y me lo demuestro diariamente».
3. «Todos los pasos que doy hoy, me acercan a mis objetivos. Soy exitoso».
4. «Trabajo en mi evolución espiritual, profesional y personal. Soy abundancia».
5. «Soy inteligente y mis decisiones son acertadas».
6. «Reconozco y aplaudo mis talentos. Soy profesional».
7. «Me hablo con amor y veo amor en las personas, creando equipo. Soy amoroso».

27 DE NOVIEMBRE

Las primeras 3 palabras que encuentres
son en las que tienes que trabajar

Estamos en la recta final del año, y todavía, tienes mucho en que trabajar personalmente. Antes de que realices este ejercicio pide ayuda celestial:

Querido Arcángel Metatrón: muéstrame en que tengo que enfocarme
y ayúdame a alimentar esos aspectos de mi vida.

A	S	L	N	Ñ	P	G	H	Y	U	I	A	M	O	R	P	A	R	E	J	A	Z	X	V	M	L	S	A
F	N	L	K	J	H	G	F	D	S	A	L	I	J	K	L	O	Q	P	E	R	T	Y	U	W	L	H	B
E	U	J	H	Y	U	I	O	P	Ñ	L	M	N	B	G	T	I	Y	E	E	Q	W	R	P	A	Z	P	U
Q	X	C	V	B	N	M	K	L	Ñ	H	G	F	D	S	A	R	T	R	Y	R	O	L	P	Ñ	L	K	N
T	R	Y	U	A	M	O	R	P	R	O	P	I	O	J	H	L	M	N	D	Y	D	P	O	I	U	Y	D
S	Y	U	I	O	L	J	M	N	O	P	Ñ	L	K	F	A	M	I	L	I	A	O	O	O	L	K	H	A
L	A	H	Y	L	K	H	N	E	S	P	I	R	I	T	U	A	L	I	D	A	D	I	N	P	L	Ñ	N
Ñ	Y	L	T	U	I	L	C	A	R	I	D	A	D	U	L	I	P	M	N	B	V	C	X	Z	A	S	C
Q	R	T	U	I	L	K	J	L	M	N	B	V	C	X	A	S	Z	D	F	G	H	J	K	L	Ñ	Y	I
A	S	D	F	D	M	N	B	V	C	U	I	L	K	L	F	E	L	I	C	I	D	A	D	M	N	B	A

Respuestas:

Amor propio

Abundancia

Paz

Salud

Fe

Familia

Espiritualidad

Amor pareja

Felicidad

Caridad

Perdón

28 DE NOVIEMBRE

Párate frente al espejo y dile a la persona del reflejo:

Gracias por esta evolución.

Gracias por tanto amor.

Gracias por esta nueva versión.

Gracias por perdonar y perdonarte.

Gracias por entender que soy prioridad.

Gracias por soltar el ego.

Gracias por dejar ir.

Gracias por despertar al niño interior.

Gracias por sanar.

Gracias por tu enorme fe.

Gracias por consentirte.

Gracias por avanzar hacia tus sueños.

Gracias por ese corazón enorme.

Gracias por esa seguridad.

Gracias por las veces que dijiste NO.

Gracias por inspirar.

Gracias por protegerte.

Gracias por seguir soñando.

Gracias por tu creatividad.

Gracias por ser feliz.

Gracias por ser valiente.

GRACIAS, GRACIAS, GRACIAS.

Nota: puedes agregar a la lista todo aquello por lo que quieras agradecerte.

29 DE NOVIEMBRE

Antes de que acabe noviembre tienes que saber esto:

- Tus sueños están dando frutos. ¡Momento de inyectar más energía!
- Confía en todas tus herramientas internas como tu fe, amor y felicidad y úsalas para alcanzar tus objetivos. Serán las llaves que te abrirán las puertas.
- Los 7 Arcángeles (Miguel, Rafael, Gabriel, Jofiel, Zadquiel, Chamuel y Uriel) están trabajando para ti y a tu favor.
- SI CREES EN LOS MILAGROS, ¡LOS VIVIRÁS!

30 DE NOVIEMBRE

Adiós y gracias noviembre ¡soy una persona bendecida!

Definitivamente, no eres la misma persona, ¡eres mejor!

Más bondadosa, cariñosa, amorosa, caritativa, segura, exitosa, empática, solidaria, respetuosa, saludable, próspera, abundante, paciente, espiritual...

Y esto se debe a que te diste cuenta que trabajando en alimentar positivamente tu interior y dándole una mejor calidad a tus pensamientos, brillas con una luz muy especial. ¡Eres una persona inmensamente bendecida!

Así que agradece y dile adiós a noviembre de la mejor manera, gritando a todo pulmón:

«SOY FELIZ»

Decreto: «Soy el origen de mi felicidad».

1 DE DICIEMBRE

¡Diciembre promete buenas noticias de la mano del Arcángel Gabriel y del Ángel de la Navidad!

Sin duda, el mes de las buenas noticias. Diciembre llega lleno de esperanza de la mano del Arcángel Gabriel (anuncia el nacimiento de Jesús) y del Ángel de la Navidad (derrama prosperidad a tu hogar). Y es un mes decisivo para todos aquellos que no bajan el ritmo, que sus ojos siguen enfocados en sus sueños, que mantienen sus pensamientos positivos porque saben que estos influyen en sus presentes y el diseño de sus futuros. ¡Qué se atreven!

Al contrario, de lo que muchas personas piensan, diciembre es el mes de las oportunidades.

Si sales a buscar trabajo con fe, ¡lo encontrarás!

Si te enfocas en tu salud con fe, ¡sanarás!

Si inicias un negocio con fe, ¡crecerá!

Si te abres al amor con fe, ¡se te dará!

Si pides un aumento de sueldo con fe, ¡se te otorgará!

No veas a diciembre como un mes comodín, ni postergues a enero todos tus planes, ¡el momento es hoy!

El Ángel de la Navidad llega con la siguiente promesa:

«Soy la estrella en el cielo que te guía, soy la luz que te llena de energía, soy el abrazo cálido que necesitas y soy el arquitecto de tu presente próspero. ¡Soy alimento para tu fe! No tienes nada que temer, caminaré junto a ti los 365 días para que la salud esté presente, el amor lo sientas todos los días y el dinero nunca falte en tus bolsillos».

2 DE DICIEMBRE

Conoce al gran Arcángel Gabriel y deja que te envuelva entre sus alas y llene tu vida de bendiciones

Escribir del Arcángel Gabriel, llena mis ojos de lágrimas de agradecimiento y felicidad, pues en los últimos años ha caminado junto a mí, muy cerquita, susurrándome al oído palabras de esperanza y cumpliendo mi MÁS GRANDE SUEÑO: convertirme en madre de 4 hijos: Sara, Lucía y los mellizos, María Camila y Nicolás. Él me anunció que estaba embarazada, me dirigió con los doctores especialistas que necesité, me acompañó durante los meses de gestación y me tomó de la mano durante los partos y, ahora, me aconseja sobre la educación de mis hijos. El Arcángel Gabriel es inmensamente poderoso y amoroso, y así lo refleja el significado de su nombre *Dios es mi Fuerza o El Héroe de Dios*. Es el mensajero de Dios y fue el que dio la noticia: «*¡Ya nació Jesús!*». Y con eso, inició el año cero de nuestra cultura. Te dejo algunas de sus especialidades y áreas en las que te puede ayudar:

- Es el Arcángel de la fertilidad.
- Nos acompaña en la educación de nuestros hijos.
- Nos guía en la adopción de un hijo.
- Al ser el Arcángel de la comunicación, es ideal para los periodistas, escritores o profesores.
- Nos dicta las palabras adecuadas en una entrevista de trabajo.
- Te mantendrá motivado.
- Es mediador en los conflictos.
- Llenará tu vida de buenas noticias.

Ahora ya sabes porqué está tan presente en esta época del año. Hazle tus peticiones, cuéntale eso que estás viviendo y deja que Él lo resuelva de acuerdo a lo que más necesitas en tu vida.

3 DE DICIEMBRE

Arcángel Gabriel: «*acompáñame*»

Divino Arcángel Gabriel:

ACOMPÁÑAME... Cuando sea presa de la desesperación y dame paciencia.

ACOMPÁÑAME... En los periodos de duda y dame la sabiduría para enfrentarlos.

ACOMPÁÑAME... Cuando mi fe sea frágil y vuelve a alimentarla.

ACOMPÁÑAME... Y enséñame a pelear mis batallas desde el bien.

ACOMPÁÑAME... Y guíame para ser un eficaz canal de comunicación de los mensajes de los Ángeles.

ACOMPÁÑAME... Y enséñame a que de mi boca sólo salgan palabras de amor.

ACOMPÁÑAME... Cuando me sienta solo y motívame.

ACOMPÁÑAME... En los momentos felices y festejémoslos.

ACOMPÁÑAME... Para que mi luz brille intensamente.

ACOMPÁÑAME... ACOMPÁÑAME... ACOMPÁÑAME... Y derrama sobre mí y mi hogar tus mejores deseos.

4 DE DICIEMBRE

El Arcángel Gabriel te ayudará a resolver a tu favor cualquier problema

Querido Arcángel Gabriel:

Tú que estás cerca de Dios, que eres su mensajero y el portador de buenas noticias, te pido, con el corazón en la mano, que con tu fuego divino resuelvas a mi favor el problema que me atormenta. Con tu sabiduría celestial pon en mi mente las ideas correctas a la hora de negociar y en mi boca las palabras correctas a la hora de dialogar. No permitas que caiga en la desesperación y mucho menos que mi ego me guíe en este proceso llenándome de miedos. Arcángel Gabriel, mi amor por ti es inmenso, mi confianza en ti es inmensa y sé que, tomado de tu mano, las nubes grises en mi vida se irán, permitiendo al sol brillar una vez más.

Amén.

5 DE DICIEMBRE

¡Los Ángeles cumplen sus promesas!

En una de mis sesiones, mi paciente estaba muy preocupada por su futuro y me preguntó que si los Ángeles sabían en qué iba a trabajar y le respondí: «Sí, los Ángeles te dicen que trabajarás con niños. No tienes de qué preocuparte». Recuerdo que en esa ocasión, mi paciente se fue llena de esperanza y con una enorme sonrisa.

7 años después, recibí un mensajito de esa paciente: «dudo que me recuerdes, pero hace muchísimo tiempo tuve una sesión contigo y me diste información de mis Ángeles muy bonita… Me dijiste que iba a trabajar con niños y hoy me acaban de aceptar en mis prácticas profesionales en un hospital en el área materno-infantil».

En ese entonces, mi paciente iba en la secundaria y cuando recibí su mensaje estaba por terminar la universidad. Después de leer ese mensaje sentí una paz inmensa, miré hacia el cielo y agradecí a los Ángeles. Y es que, estos seres de luz, cumplen sus promesas.

Si bien, en ocasiones queremos que los Ángeles actúen de inmediato, la realidad es que los tiempos divinos van a otro ritmo… los tiempos divinos son perfectos.

6 DE DICIEMBRE

Es tiempo de aceptar que, tratar de controlar todo, te está ocasionando mucho daño

Amado Arcángel Miguel:

Ayúdame, ayúdame, ayúdame con tu sabiduría celestial a entender que no pasa nada si dejo de intentar controlar todo lo que me rodea. Alimenta la confianza en mí para confiar en los demás. Dame paciencia y suficiente fuerza para no caer en la desesperación y ansiedad por no manejar todos los hilos a mi alrededor y, corta con tu espada todos los miedos que esto me genera. Querido Arcángel Miguel: de tu mano, mi andar estará lleno de prosperidad.

Amén.

7 DE DICIEMBRE

Entrega a tus Ángeles de la guarda esa carga pesada que no te deja avanzar

Está por terminar el año, date una pausa y reflexiona: ¿Qué cosa, motivo o situación me está robando la tranquilidad? ¡Identifícalo! Las respuestas pueden ser muchas: el pasado, el futuro, algún temor, enfermedad, alguna deuda…

Mientras escribo estas líneas el mensaje de los Ángeles es claro:

«Suelta eso que te quita la tranquilidad…
Suelta eso que no te deja dormir…
¡Suelta, suelta, suelta!

¡No tengas miedo! ¡No estás solo!
Deja de cargar con esa angustia o temor.
Entréganos esa carga pesada.
Dios nos pidió que te cuidáramos y juntos resolveremos tus problemas.

Deja en nuestras manos lo que mejor sabemos hacer: ¡Amarte!».

No te cuestiones cómo llegará la ayuda de los Ángeles, pero sabrás que fueron ellos cuando el viento sople a tu favor.

8 DE DICIEMBRE

El Arcángel Miguel te ayuda a eliminar tus miedos

Cuando te sientas prisionero de tus miedos y te falte la respiración, cierra tus ojos unos segundos, no importa la hora que sea, ni el lugar donde estés, imagina cómo de tu estómago sale un cordón que está unido del otro extremo con ese miedo que te paraliza. Ahora, imagina cómo llega el Arcángel Miguel con su poderosa espada y corta ese cordón liberándote del temor. Observa cómo la luz azul del Arcángel Miguel entra a tu cuerpo llevándose sensaciones, sentimientos y pensamientos relacionados con eso que te ocasiona tanto miedo. Después de hacerlo te sentirás más ligero y recobrarás la tranquilidad.

Querido Arcángel Miguel:

Con tu ayuda mis pensamientos están más limpios, mi carga más ligera, mi corazón empieza a latir sin temor. Entrego en este momento, mis miedos en tus manos para que te hagas cargo de ellos. Mi prioridad es mi paz. En ti confío.

Amén.

9 DE DICIEMBRE

¿Hace cuánto tiempo que no hablas con Dios?

Y me refiero a una «conversación» profunda donde le cuentes cómo te sientes, qué necesitas, cómo has avanzado o retrocedido, agradeciéndole la presencia de los Ángeles en tu vida o un «gracias» por lo que te ha dado. Si te alejaste de Dios (el Dios de tu religión) por alguna razón o, simplemente no has hablado con Él detalladamente, este es el momento.

Él tiene los brazos abiertos para ti con ese inmenso amor que lo caracteriza. Él te ofrece su mundo, sin juzgarte. ¡Eres su hijo! ¡Eres un regalo del amor! Y Él te mira como una creación perfecta. Acércate a Él y deja que escuche tu corazón, que calme tus pensamientos, que te recuerde que, en su reino, eres amado y que confía en ti.

Recuerda que cuando involucras a Dios y a su ejército de Ángeles desde el inicio, en cualquier proyecto o área de tu vida, estos florecerán y darán frutos exquisitos.

10 DE DICIEMBRE

A través del Arcángel Gabriel, Dios quiere decirte:

«Aunque vivas en silencio, YO escucho tu corazón y te entiendo.

Esos periodos de dolor que tratas de esconder, créeme YO los conozco.

No hay muestras de amor que YO ignore.

No hay lágrimas que pasen inadvertidas a mis ojos y YO no valore.

Fuiste creado a mi imagen y semejanza… Confía en mí porque yo te amo así como eres… YO ESTOY JUNTO A TI.

Y TE ASEGURO QUE HOY Y SIEMPRE TODO SALDRÁ BIEN».

11 DE DICIEMBRE

Dios no se enoja porque hables con los Ángeles

Una duda muy recurrente de las personas es: «¿Dios se va a enojar si hablo con los Ángeles y no con Él?». Y la respuesta es «NO».

Los Ángeles son mensajeros de Dios y fueron creados por Él para ayudarte en todas las áreas de tu vida. Dios te dio este regalo al nacer y caminarán junto a ti toda tu existencia. Los Ángeles son una especie de carteros celestiales: llevan tus cartas a Dios y te dan las respuestas de Él. ¿Cómo podría Dios enojarse con algo que desea que utilices? Estos seres de luz sólo quieren que vayas por la vida en paz y feliz.

12 DE DICIEMBRE

¿Por qué es tan importante para mí la Virgen de Guadalupe?

Hoy quiero hacer un paréntesis en este libro, una mención muy especial que me llena de felicidad. Hoy, en México, se celebra a la Virgen de Guadalupe y quiero cantarle las mañanitas: «Estas son las mañanitas...». Si bien, la Virgen de Guadalupe siempre ha formado parte de mi vida, en los últimos años, su luz ha iluminado intensamente mis días. Al igual que con el Arcángel Gabriel, en mi último embarazo con mis mellizos, tomé su mano y le entregué todos mis temores y dudas. Su respuesta fue inmediata: sentí una paz en mi mente y corazón. Sabía que todo saldría bien. Incluso mi hija María Camila, lleva uno de sus nombres como agradecimiento. Tengo la fortuna de poder visitar, frecuentemente la casa de la Virgen de Guadalupe: La Basílica de Guadalupe y es ahí, frente a ella, que siento cómo me recarga de energía, cómo calma mis pensamientos, cómo me mira con amor maternal, cómo alimenta mi fe y cómo me apoya para seguir con mi misión de vida. En agradecimiento, le prendo una veladora y le regalo flores.

Si te preguntas, ¿qué relación tiene la Virgen de Guadalupe con los Ángeles? ¡Trabajan en equipo! Tienen una relación muy poderosa. Imagínate qué tan importantes son los Ángeles en la vida espiritual, que es un Ángel quien sostiene a la Virgen de Guadalupe. En el catolicismo se hace referencia a que ese Ángel que sostiene a la Virgen es Juan Diego, quien presenció las 4 apariciones y quien portaba el manto milagroso de la Virgencita de Guadalupe.

No importa en qué país vivas, qué idioma hables, qué religión profeses, ojalá en algún momento de la vida, tengas la oportunidad de visitar el santuario de la Virgen de Guadalupe.

13 DE DICIEMBRE

Los Ángeles son omnipresentes, es decir pueden estar en varios lugares a la vez

«¿Cómo son los Ángeles?, ¿los Ángeles son hombres o mujeres?, ¿a qué velocidad vuelan los Ángeles?, ¿son altos o chaparritos?», son algunas de las preguntas que me hacen constantemente. Así que las voy a responder desde mi experiencia. Los Ángeles son seres de luz, que adoptan la apariencia de «seres humanos» frente a nosotros para no asustarnos (por decirlo de alguna forma). Lo que quiero decir es que adoptarán la forma que sea necesaria para que sus mensajes lleguen a nosotros y los entendamos. Los Ángeles no son hombres o mujeres, como te explicaba, son seres de luz, que no tienen cuerpo, ni género. Si bien tienen enormes alas luminosas, éstas, las utilizan más para envolvernos entre ellas y calmar nuestras mentes y nuestros corazones (una especie de abrazo cálido) que para volar, pues los Ángeles son omnipresentes (es decir pueden estar en varios lugares a la vez). Incluso puedes saber que un Ángel está junto a ti porque percibes olores a flores donde no hay flores.

14 DE DICIEMBRE

Si todos camináramos de la mano de los Ángeles, viviríamos en un mundo de paz

En alguna ocasión, durante una conferencia, una persona escéptica en el mundo de los Ángeles, me preguntó en tono molesto: «¿Por qué si todos tenemos Ángeles que quieren vernos felices, existe la maldad y muchas personas en el mundo sufren por diferentes motivos?». Y le contesté: «Muy buena tu pregunta, incluso, no es casualidad que estés aquí, porque fueron tus Ángeles de la Guarda quienes te guiaron a esta conferencia para que escuches el siguiente mensaje:

—si todas las personas le pidieran ayuda a los Ángeles, escucharan sus mensajes y caminaran de la mano de estos seres de luz, vivirían en AMOR, creando un mundo de paz, sin maldad, sin egos, sin temores, sin envidias, sabiendo que el mundo nos provee para todos. ¡Aprenderíamos a compartir!

Recuerda que fuimos creados a imagen y semejanza de Dios, y los Ángeles quieren que regresemos a nuestro estado natural: estar sanos y ser amorosos».

Esta persona escéptica comenzó a comunicarse con los Ángeles y experimentó cambios positivos en su vida. Ahora, a través de su experiencia, ayuda a otras personas con la guía de los Ángeles.

15 DE DICIEMBRE

Aplaude tus logros

¿Hace cuánto tiempo que no te aplaudes? Tiendes a pensar que, hasta que no consigas algo GRANDE en tu vida, ¡mereces esos aplausos! Y ese es un error que aprendemos desde niños: hasta que no saco 10 en Matemáticas, me aplaudo, o hasta que no saco una medalla de oro en natación, me aplaudo… ¿Y dónde dejas todos tus logros diarios? La invitación es APLÁUDETE MÁS SEGUIDO, pues los beneficios serán grandes. Todos los días tienes algo que aplaudirte, desde ir al gimnasio y hacer una rutina completa, hasta cocinar un platillo delicioso o realizar una llamada de trabajo exitosa. Aplaudirte ayudará a subir tu autoestima, aplaudirte es un apapacho a tu corazón, con aplaudirte le estás diciendo al universo sí puedo, aplaudirte te dejará satisfecho y aplaudirte te hará una persona agradecida. Aplaude esos pequeños pasos que te están llevando tan lejos.

16 DE DICIEMBRE

Tus Ángeles de la Guarda están muy orgullosos de ti

Así es, Tus Ángeles de la Guarda quieren que sepas que conocen tus logros y los han aplaudido, que saben las batallas que has enfrentado y en las cuales te han ayudado a salir victorioso, que siempre han limpiado tus lágrimas y que están muy orgullosos de ti por las decisiones que has tomado y por todo lo que has recorrido. Estos seres de luz te aman incondicionalmente.

APLAUDEN tu decisión de caminar de su mano.

APLAUDEN todo lo que has crecido espiritualmente desde que comenzaste a leer este libro.

APLAUDEN que has aprendido a vivir desde el amor.

APLAUDEN que te has caído y te has levantado con un gran aprendizaje.

APLAUDEN tus alegrías.

APLAUDEN tu corazón generoso.

APLAUDEN que transmites sus mensajes.

APLAUDEN que ya entendiste que viniste a este mundo a ser feliz.

17 DE DICIEMBRE

Llena tu personalidad de color

Así como la naturaleza o ciertos paisajes están llenos de matices de colores, así debería brillar tu personalidad. Y así como tú percibes esos matices en los paisajes, las personas que te rodean deberían percibir los matices de tu personalidad. ¿Cómo llenas de color tu personalidad? Comienza con lo más obvio y sencillo, agrega colores explosivos a tu vestir (puedes empezar con algún accesorio). Saca a tu niño interior y juega, ríete a carcajadas, bromea, baila, canta, disfruta de un postre, utiliza palabras alegres a la hora de platicar, incluso come platillos con colores llamativos… En pocas palabras, sé tú mismo con una dosis de color. Recuerda que cuando brillas intensamente y a colores, esta luz, inspira a todos los que se cruzan en tu camino. Y es en ese momento, cuando eres auténtico mostrando tu propia naturaleza que tu energía se eleva y se alinea con la energía de la prosperidad.

18 DE DICIEMBRE

¡Exprésate! ¡Tu voz es valiosa!

¡Exprésate!

Confía en tus palabras.

¡Tu voz es valiosa!

No permitas que las inseguridades te detengan.

El Arcángel Gabriel está poniendo en tu boca las palabras que necesitas transmitir.

Habla lo que sientes.

Habla lo que te molesta.

Habla lo que te hace feliz.

Habla que necesitas un aumento de sueldo.

Habla cuando son lágrimas de amor o de dolor.

Habla lo que te hace suspirar.

Habla cuando estés en problemas.

Dile a esa persona (amigo, pareja, familiar): «Te quiero».

Comunica, comunica, comunica.

Y recuerda siempre gritar: «¡ME AMO INMENSAMENTE!»

19 DICIEMBRE

Da lo mejor de ti... ¡siempre!

La sociedad está llena de tentaciones y te hace creer que el dinero es importante, que ser famoso es importante, que pertenecer a tal club es importante… Sin embargo, se le olvida decirte que lo más importante es ser ¡buena persona! Por eso los mejores padres son los que enseñan a sus hijos a ser buenas personas y las mejores universidades son las que forman profesionistas buenas personas.

Y es que si bien… A la gente buena le pasan cosas buenas y malas. La gente buena siempre dará LO MEJOR DE SÍ, incluso ante las adversidades. La gente buena no busca hacer daño a los demás. Atrae lo bueno de la gente.

El jefe de una casa constructora dijo a uno de sus empleados: «Quiero que hagas esta casa, que te quede hermosa, no escatimes en detalles y aquí tienes los planos». El empleado tomó los planos y se quejó en silencio: «justo me pides esto cuando me falta poco para jubilarme. Pero ya verás, voy a utilizar materiales corrientes y lo haré con flojera». Y así lo hizo, al aventón! Sólo cuido la fachada para evitar un regaño. Al finalizar el proyecto, su jefe le dijo: «Te regalo esta casa como premio por todos los años que trabajaste en mi empresa».

Por eso, da lo mejor de ti… SIEMPRE. Tú no sabes a quién estás inspirando.

Da lo mejor de ti… SIEMPRE. Todo regresa.

20 DE DICIEMBRE

El Ángel de la Navidad viene a recordarnos a los seres humanos que somos paz, amor, fe, armonía, bondad y alegría

Has escuchado la frase: «Se siente el espíritu navideño», pues va más allá de los regalos, la comida típica de la época, los dulces, los villancicos… Espíritu de la Navidad = Ángel de la Navidad.

Es tan importante el Ángel de la Navidad, que presenció el nacimiento de Jesús y acompañó al Arcángel Gabriel a anunciar la llegada del Salvador al mundo. Guió a los pastores, a los Reyes Magos… Por eso, el Ángel de la Navidad se hace presente todos los años para iluminar intensamente los pesebres de todas las casas con el único fin de crear hogares prósperos y llenarlos de esperanza.

Con su luz toca a todas las personas haciendo una limpieza en sus interiores generando un «renacer» en cada uno. Nos recuerda, a los seres humanos, que somos PAZ, AMOR, FE, ARMONÍA, BONDAD Y ALEGRÍA. Y nos ofrece su guía.

Esas miradas llenas de ilusión de los niños en la época navideña son el reflejo del enorme amor del Ángel de la Navidad. El amor del Ángel de la Navidad se siente como cuando recibes el abrazo de tu mamá y, no importa la tormenta que estés viviendo, calma tus emociones.

Mañana, el Ángel de la Navidad entrará en todos los hogares:

- Recíbelo con flores blancas.
- Coloca un Ángel de la Navidad (si te gustan las figuras religiosas).
- Desde hoy, piensa en tus peticiones. Te recomiendo que pidas cosas familiares como: *Salud para mí y mi familia. Trabajo para cada uno de los integrantes de mi familia. El dinero suficiente para que mi familia pueda cubrir las cuentas.* Por mencionar algunos ejemplos.

21 DE DICIEMBRE

Hoy entra a tu hogar el Ángel de la Navidad.
¡Dale la bienvenida!

Hoy baja del cielo el Ángel de la Navidad para llenar tu hogar de Salud, Amor, Abundancia y mucha Fe. Llega con la promesa de un futuro próspero. Hará equipo contigo, pero requiere de tu parte pensamientos positivos (si lo crees, lo creas), fe en ti (eres invaluable), trabajo arduo y oración. Este ser de luz, no sólo te acompaña el mes de diciembre, está junto a ti los 365 días del año para guiarte con su luz brillante y ser testigo de cómo vas alcanzando tus sueños.

¿Cómo darle la bienvenida al Ángel de la Navidad a tu hogar?

1. Coloca flores blancas, amarillas o rosas como agradecimiento.
2. Abre las puertas y las ventanas de tu casa por algunos minutos y repite: *Con todo mi corazón, te doy la bienvenida querido Ángel de la Navidad, sé que vienes cargado de buenas noticias y llenarás mi vida y las de mis seres queridos de una luz muy especial. En ti confío.*
3. Antes de cerrar las puertas y ventanas de tu hogar, deja que se cargue del espíritu de la Navidad.
4. Prende una velita de los deseos color roja o dorada, o una veladora roja o dorada con un cerillo de madera, y platica unos minutos con el Ángel de la Navidad. Pídele (sé muy detallado) eso que tanto necesitas con palabras de amor. Apaga la vela. También puedes escribirle una carta, rocíala con perfume y guárdala en un sobre rojo. Colócala en tu arbolito de Navidad o en tu altar.

EL ÁNGEL DE LA NAVIDAD BAJA DEL CIELO CON UNA SOLA MISIÓN: ¡DAR!

22 DE DICIEMBRE

El Ángel de la Navidad guiará tu corazón.
Inclúyelo en tus oraciones

Amado Ángel de la Navidad:

Tu luz destellante fue la brújula que guio a los pastores y Reyes magos.

Tú que presenciaste el nacimiento de Jesús.

Tú que eres generoso.

Tú que llevas esperanza.

Tú que vienes a anunciar tiempos prósperos.

TOCA MI CORAZÓN CON TU INMENSO AMOR, para que este sea mi brújula y me lleve a tomar decisiones basadas en el amor y en el respeto. Y que estas decisiones tengan como fin el cumplimiento de mi misión de vida.

TOCA MI CORAZÓN CON TU INMENSO AMOR para vivir momentos felices en familia.

TOCA MI CORAZÓN CON TU INMENSO AMOR para que mi fe sea tan grande que contagie de esta a todos los que me rodean.

Querido Ángel de la Navidad, que el frío de la Navidad, sólo lleve calor a mis sentimientos.

23 DE DICIEMBRE

10 cosas que el Ángel de la Navidad quiere que sepas

Estás entrando a la recta final del año y, para muchas personas, esto implica una revolución de sentimientos y emociones. Por eso, el Ángel de la Navidad quiere que sepas que:

1. ¡No estás solo! Siempre está junto a ti. No sólo existe en diciembre, sino que te acompaña todo el año.
2. Te ama inmensamente.
3. Te proveerá y nada de faltará.
4. Llena tu hogar del espíritu familiar.
5. Está en comunicación contigo constantemente.
6. Está derramando una cascada de prosperidad a tu hogar.
7. Notarás que está junto a ti cuando percibas un olor a canela o pino.
8. Nunca te fallará.
9. Tranquiliza esa revolución de emociones. Quiere que seas feliz.
10. Cumple sus promesas.

24 DE DICIEMBRE

La Navidad = Renacer

Sin duda, la Navidad es ideal para escarbar en tu interior, para limpiar tu energía y eliminar ideas tóxicas… Pregúntate: «¿Quién eres?, ¿a dónde vas?, ¿qué te gusta de ti? ¿qué no?». La Navidad es ideal para renacer o reinventarte. Y la única forma es a través del amor. ¡LA NAVIDAD ES AMOR! Y el amor es contagioso, y cuando voy por la vida compartiendo amor, este me regresa multiplicado 7 veces 70. Empieza con los pequeños cambios en tu casa, pues no importa cuántos regalos haya debajo de tu arbolito, sino las personas alrededor de él. ¡Eso se llama calor de hogar! Y el calor de hogar contiene una gran dosis de amor. ¡Utilízala para recargarte! Celebra tu Navidad en fe, en amor, en conexión con Dios y los Ángeles.

Repite:

«Yo soy amor y me alegro de la felicidad de los demás.
Yo soy amado por Dios y los Ángeles… Y ese amor es recíproco.
Yo amo a mis seres queridos sin condiciones.
Soy digno de amor y de mi boca sólo salen palabras amorosas.
Mi luz brilla tanto que contagia de amor a otros.
Mi corazón grita: la vida es mejor amando».

Cierra los ojos y deséale a todos tus seres queridos que tengan el mejor festejo de Navidad.

Y recuerda que ya habita en tu corazón el espíritu del Ángel de la Navidad, el cual te acompañará los 365 días del año.

25 DE DICIEMBRE

El Arcángel Gabriel anuncia: «*ya nació Jesús*»

Una estrella brillante alumbra tu hogar… El nacimiento de Jesús viene acompañado de Paz y Prosperidad.

¡Jesús vive en tu corazón!

¡Jesús abraza tu alma!

Deja que Jesús te susurre palabras reconfortantes.

Abre tus brazos a la felicidad.

Jesús viene a recordarte que camines agitando la bandera del amor, pues si bien, la fe mueve montañas, el amor transforma universos.

¡FELIZ NAVIDAD!

26 DE DICIEMBRE

Los Ángeles siempre están cerca de ti

Constantemente, me comentan: «siento que los Ángeles no me escuchan o creo que los Ángeles me abandonaron». Y yo, les respondo: «Los Ángeles nunca te abandonan, siempre están cerca de ti... ¡Escuchándote!». Incluso, fueron los mismos Ángeles quienes te guiaron hasta esta página pues necesitas leer el siguiente mensaje:

«Sabemos que a veces te sientes solo, pero no lo estás. Incluso, te has preguntado: ¿si nosotros estamos junto a ti? Y la respuesta es: ¡SÍ, siempre junto a ti! Cierra tus ojos y siente cómo te estamos abrazando, en este momento, con nuestras alas de amor. ¡Te amamos tal cual eres! Queremos que te sientas bien, queremos ayudarte, queremos protegerte... QUEREMOS QUE SEAS FELIZ. Este mensaje es para decirte que ¡ESTAMOS CONTIGO!».

Qué hermoso mensaje. Ahora que ya lo sabes, voltea al cielo y repite: «Gracias, gracias, gracias por esta hermosa señal».

27 DE DICIEMBRE

Mantén tu fe, los Ángeles te proveerán

La siguiente historia de Ángeles parece irreal, pero fui testigo. Una de mis pacientes, mujer trabajadora de enorme corazón, estaba «ahogada» en deudas. ¡Vivía presa del estrés y del miedo! «Por más que trabajo, el dinero no me alcanza», me decía. Comenzamos a trabajar de la mano de los Ángeles: eliminamos sus pensamientos limitantes como «no me rinde el dinero, no puedo, no me siento capaz». Con ayuda del Arcángel Miguel cortó relación con personas tóxicas que no la dejaban avanzar. Comenzó a meditar y a hacer sus peticiones a los Ángeles de la Abundancia. Le pidió ayuda al Arcángel Rafael para combatir el estrés. Le entregó sus problemas a los Ángeles y dejó que su vida fuera guiada por ellos. Su fe seguía firme. Los cambios en ella eran evidentes. Continuó trabajando arduamente, pero ahora sus pensamientos eran positivos, sonreía más, se sentía más segura, su creatividad despertó, comenzó a dedicarse más tiempo para ella… A la par, su negocio comenzó a crecer.

Meses después, su hermana la llamó por teléfono y le platicó que se había sacado la lotería. Sí, no es broma, la lotería y que quería compartirla con ella. Mi paciente no lo podía creer, SU MILAGRO HABÍA LLEGADO y por fin podría pagar sus deudas. Volteó al cielo y agradeció a Dios y a los Ángeles, pues sabía que esta buena noticia era obra de ellos. ¿Cuántas personas pueden sacarse la lotería?

Te preguntarás «¿por qué tardó tanto en llegar el milagro?». Pero, en realidad, no se tardó, los tiempos divinos son perfectos. Si su hermana se hubiera sacado la lotería antes y le hubiera dado el dinero cuando mi paciente era presa del estrés, ese dinero se le hubiera ido como la espuma.

No te preguntes cómo o cuándo, si confías en los Ángeles de la Abundancia, ellos te proveerán. Mantén la fe.

28 DE DICIEMBRE

Realiza tu lista de propósitos hoy mismo de la mano de los Arcángeles Miguel y Zadquiel

Es un error esperar a que den las últimas 12 campanadas del año, para pensar en tus propósitos para el año nuevo. Es esa actitud de «a ver qué se me ocurre» en ese momento, lo que te llevará a no cumplirlos. Por eso, te recomiendo que le dediques tiempo a la reflexión de tu lista de propósitos. Y si estás leyendo este mensaje, es una clara señal de tus Ángeles de la Guarda que te están diciendo: «*este es el momento ideal para planearlos*».

Antes de comenzar a escribir tu lista, pídeles ayuda a los Arcángeles Miguel y Zadquiel para que tus propósitos permitan tu crecimiento personal. Puedes utilizar la siguiente petición:

Querido Arcángel Miguel: Te pido que, a través de tu sabiduría, guíes mis ideas sobre mis propósitos para que estos sean ideales y sumen a mi misión de vida.

Querido Arcángel Zadquiel: A través de tus ojos de compasión, dame la energía necesaria para lograrlos, una mente positiva en todo el proceso y recuérdame, cada día, que el fin de estos propósitos es mi crecimiento personal.

Si bien, a lo largo de los años, nos han enseñado a elegir 12 propósitos, yo te sugiero que sólo elijas 2 o 3. Así los recordarás fácilmente. A cada propósito, ponle fecha tentativa para lograrlo. Compártelos con tus seres queridos, así sentirás más presión para cumplirlos. Entre tus propósitos elige sensaciones que quieras vivir, como reír mucho. Escríbelos en una hoja en blanco y guárdala en tu cartera.

29 DE DICIEMBRE

Necesitarás actitud positiva, amor propio, paciencia y fe para cumplir tus propósitos

Muchas personas no llegan a cumplir su lista de propósitos y se quedan en el camino por una simple razón: no hacen los cambios necesarios en su interior. Incluso, algunos escriben su lista de propósitos con una mentalidad de fracaso, es decir, piensan sus propósitos sabiendo que no los van a cumplir. Así que el primer cambio necesario es: ACTITUD POSITIVA (sus ojos bien puestos en sus objetivos pues saben que el resultado será favorable en sus vidas). También requerirán una gran dosis de AMOR PROPIO (en los momentos que quieran tirar la toalla, échense porras y háblense con palabras de amor). PACIENCIA (si bien saben que será un proceso largo, deben tener la certeza de que terminarán exitosamente). Y FE (con la ayuda de los Arcángeles Miguel y Zadquiel llegarán a cumplirlos). Así que, escarben en su interior y detecten qué les falta cambiar para que logren cumplir con todos sus propósitos.

30 DE DICIEMBRE

¡No te detengas! Confía en tus sueños

Llega un punto en la vida en el que te preocupa: «¿Cómo vas a llegar a cumplir tus sueños?», te lo digo por experiencia, incluso, te compartí al principio de este libro que cuando descubrí mi misión de vida: ayudar a los demás a través de la sabiduría de los Ángeles, mi mente fue presa de una lluvia de dudas, sin embargo, fueron estos mismos seres de luz quienes alumbraron mi camino para cruzar el puente del miedo. Alcanzar los sueños requiere de dedicación, esfuerzo, tiempo, disciplina… Y el éxito de tus sueños será la combinación de amor + Fe + Ángeles.

AMOR en cada paso que des para alcanzarlos, es decir, disfrutar del proceso. Cuando más amo, más siento que todo a mi alrededor me ama.

FE en ti y Fe en tu sueño. Siempre optimista, siempre positivo… Concéntrate en tu objetivo.

ÁNGELES, haz equipo con ellos. Ellos te ayudarán desde en las tareas más simples como limpiar tu agenda para que tengas el tiempo suficiente para dedicarlo a tus proyectos o te rodearán de las personas clave para un mejor desarrollo.

Mis queridos Ángeles de la Guarda:

Les pido su guía para que cada decisión que tome me acerque al clímax de mi sueño. Les doy luz verde para que me acompañen en este proyecto lleno de amor y acepto alegremente mis nuevos retos. Mi FE ES INMENSA, MI AMOR ES INMENSO.

31 DE DICIEMBRE

¡Adiós y gracias diciembre! ¡Adiós y gracias año viejo! De la mano de Dios y de los Ángeles, estás listo para el siguiente paso en tu vida

Dios envió a los Ángeles y Arcángeles a tu vida para llenarla de momentos felices, ayudarte en las tareas diarias, protegerte de cualquier peligro, llenarte de sabiduría divina, alimentar tu alma, inyectar de amor tu corazón, crear un calor especial en tu hogar. De su mano, ¡lo tienes todo para dar el siguiente paso en tu vida! Deja atrás las cargas pesadas del pasado. Tienes frente a ti una nueva oportunidad, un nuevo comienzo, páginas en blanco para llenarlas con tu historia de amor, para escribir en ellas esos pensamientos que crearán el futuro que soñaste.

Dios mío: Estoy frente a ti con el corazón en la mano. ¡Completamente agradecido por lo que viví y aprendí! ¡Por lo que abracé y solté! ¡Por lo que reí y lloré! Hoy está frente a mí una nueva puerta, abierta por ti, mostrándome el camino y confío en que este año que inicia estaré rodeado de abundancia en todas las áreas de mi vida. Permíteme ver a través de tus ojos, para mirar todo con amor ilimitado. Cuanto más me amo, más sano estoy. Cuanto más amo, más amor recibo. Cuanto más amor proyecto, más amor voy sembrando. Envíame un ejército extra de Ángeles para acompañar mi andar. Y así, ¡nada perturbara mi tranquilidad!

Ahora repite: «Gracias diciembre y año viejo por todo lo que me diste y todo lo que aprendí. ¡Adiós!».

Decreto: «Soy una buena persona y merezco lo mejor».

Mañana, te invito a que regreses a la página del 1° de enero y vuelvas a iniciar este libro. Los mensajes tendrán un significado diferente para ti que continuarás con tu crecimiento en todas las áreas de tu vida.

DATOS DE CONTACTO

MANTENTE EN CONTACTO CONMIGO
GABY HEREDIA / ANGELÓLOGA

Facebook: Angeles cerca de ti por Gaby Heredia
X: @angelcercadeti
Instagram: angelescercadetiporGabyHeredia
Youtube: Angeles cerca de ti por Gaby Heredia
Mail para consultas: contacto@angelescercadeti.com
Página web: www.angelescercadeti.com